start klar

Deutsch für Jugendliche
Handbuch A2

LM
V̲
Z̲

Autor
Claudio Nodari
(Institut für Interkulturelle Kommunikation)

Projektleitung LMVZ
Florian Gelzer
Beat Oderbolz
Natalie Peyer

Fachlektorat
Franziska Bischofberger
Claudia Neugebauer
Janine Sobernheim

Gestaltung und Satz
Samuel Egloff, Catrina Wipf,
l'équipe [visuelle] GmbH

Illustrationen
Kati Rickenbach

© 2019 Lehrmittelverlag Zürich AG
1. Auflage 2019
In der Schweiz klimaneutral gedruckt auf FSC-Recyclingpapier
ISBN 978-3-03713-801-4

www.lmvz.ch
Digitale Lehrmittelteile: digital.lmvz.ch

Koordination mit der
Interkantonalen Lehrmittelzentrale

Inhaltsverzeichnis

In *startklar* verwendete Piktogramme

Track mit der Nummer T5 abspielen	🔊 T5
Zu zweit arbeiten	
In Gruppen arbeiten	
Auf ein separates Blatt schreiben	
Im Arbeitsheft weiterarbeiten	A
Verweis auf Zusatzmaterial	
Verweis (im Zusatzmaterial) auf Themenbuch	T
Zusatzmaterial mit Schwierigkeitsgrad «Basis»	
Zusatzmaterial mit Schwierigkeitsgrad «Erweiterung»	
Lerntechnik «Hören und mitlesen» anwenden	
Lerntechnik «Auswendig lernen» anwenden	
Lerntechnik «Einen Vortrag üben» anwenden	

I Einleitung

startklar ist ein Deutschlehrmittel für die Sekundarstufe I und besteht aus den drei Niveaubänden A1, A2 und B1 gemäss dem Gemeinsamen Europäischen Referenzrahmen für Sprachen (GER). Die Teile A1 und A2 sind für neu zugezogene Jugendliche ohne Deutschkenntnisse im Aufnahmeunterricht konzipiert. Der Teil B1 sowie Auszüge aus A1 und A2 können für die gezielte Förderung von schulsprachlichen Kompetenzen im DaZ- oder im Regelklassenunterricht eingesetzt werden.

Mit *startklar* A2 bauen Jugendliche, die die Niveaustufe A1 erreicht haben, ihre Deutsch- kenntnisse weiter aus und erwerben gleichzeitig die grundlegenden schulsprachlichen Kompetenzen gemäss Lehrplan 21. *startklar* A2 kann somit sowohl als Hauptlehrmittel im weiterführenden intensiven Anfangsunterricht als auch modular zur Aufarbeitung von sprachlichen Lücken bei Jugendlichen mit Grundkenntnissen des Deutschen eingesetzt werden. Mit dem Niveauband B1, der sich auch für den Klassenunterricht in tieferen Leis- tungsklassen der Sekundarstufe I eignet, werden die für Bildungserfolg notwendigen Sprachkompetenzen weiter auf- und ausgebaut.

1   Die Lehrwerkteile von *startklar*

Das gesamte Lehrmittel *startklar* umfasst die Niveaubände A1, A2 und B1.

Jeder Band ist gleich gegliedert und umfasst je ein Themenbuch, ein Arbeitsheft, digitale Angebote auf der Webplattform und ein Handbuch für die Lehrperson. Das Themenbuch und das Arbeitsheft sind die Leitmedien. Die zusätzlichen Materialien auf der Webplattform beziehen sich immer auf die Inhalte der Leitmedien.

1.1 Elemente für die Lernenden

Für die Lernenden bietet *startklar* A2 folgende Inhalte:

Themenbuch mit den 10 Themeneinheiten

1. Selbstporträt
2. Meine Umgebung
3. Lernen
4. Hobbys
5. Lebensformen und Familien
6. Alles okay?
7. Lebensmittel
8. Berufsbildung und Studium
9. News!
10. Kultur und Unterhaltung

Die Ziele und die Inhalte der Themeneinheiten werden in Teil III des vorliegenden Handbuchs → S. 63 – 83 beschrieben.

Arbeitsheft mit Übungen zu den Inhalten der 10 Themeneinheiten

- Hör- und Leseverstehensaufgaben
- Sprech- und Schreibaufgaben
- Wortschatzarbeit
- Grammatikerklärungen und -übungen
- Lerntechniken

Die Aufgaben- und Übungstypen sowie die Variationsmöglichkeiten werden in Teil II des vorliegenden Handbuchs → S. 23 – 62 genauer beschrieben.

Materialien auf der Webplattform

- Audiodateien zum Themenbuch und zum Arbeitsheft
- Lösungen zu den Übungen im Themenbuch und im Arbeitsheft

Sämtliche Materialien können von der Webplattform heruntergeladen und offline genutzt werden. Der Zugang zur Webplattform für die Lernenden erfolgt im Internet über folgende Adresse: *digital.lmvz.ch.*

1.2 Elemente für die Lehrperson

Für die Lehrperson steht abgesehen vom vorliegenden Handbuch auch ein vielfältiges Angebot an Materialien auf der Webplattform zur Verfügung.

Wortschatzlisten zu den Themeneinheiten

Wortschatzlisten, eingeteilt nach Themeneinheiten und Unterkapiteln, sind als Excel- und als PDF-Dateien vorhanden.

Zusatzmaterialien mit entsprechenden Audiodateien

Ausdruckbare PDF-Seiten mit zusätzlichen Übungen und Texten liegen in zwei Schwierigkeitsgraden vor:

▤ Basis und

▤ Erweiterung

Hörtexte als PDF-Dateien

Zu sämtlichen Audiodateien stehen die entsprechenden Hörtexte als PDF-Dateien zur Verfügung.

Tests zu jeder Themeneinheit mit den entsprechenden Lösungen

Alle Tests können entweder in einer Doppellektion oder in zwei einzelnen Lektionen durchgeführt werden, wobei die Lernenden grundsätzlich keine Hilfsmittel benützen dürfen. Allenfalls können (bei sehr schwachen Lernenden) für die Produktion von eigenen Texten ein Wörterbuch (auch online) und/oder bestimmte Lehrwerkteile zugelassen werden. Die Lösungen der Tests sind als Orientierungshilfe für die Lehrperson gedacht. Sie können aber auch für die Selbst- oder Partnerkorrektur eingesetzt werden.

Sämtliche Materialien können von der Webplattform heruntergeladen und offline genutzt werden. Der Zugang zur Webplattform für die Lehrperson erfolgt im Internet über folgende Adresse: *digital.lmvz.ch.*

2   Zielgruppen des Lehrmittels

Die Zielgruppe von *startklar* A2 besteht in erster Linie aus 13- bis 17-jährigen Jugendlichen, die im Anfangsunterricht mit *startklar* A1 gearbeitet haben und/oder Grundkenntnisse des Deutschen besitzen. Diese Jugendlichen mit ihrem sozialen und familiären Umfeld bilden den Ausgangspunkt für die Wahl der Inhalte, für die Festlegung der Spracherwerbsprogression und für die Formen der Sprachverarbeitung.

Mit *startklar* A2 wird das Ziel verfolgt, die rezeptiven und produktiven Kompetenzen in der Standardsprache intensiv weiter auszubauen und gleichzeitig die für Schulerfolg notwendige Textkompetenz gezielt zu fördern. Dadurch soll sichergestellt werden, dass sprachformale Aspekte immer im Zusammenhang mit der Bearbeitung von Texten behandelt werden.

Die Zielgruppen sind sehr heterogen.

Die Zielgruppe von *startklar* A2 ist allerdings alles andere als eine klar definierte Gruppe von Lernenden, wie im folgenden Kap. 2.1 erkenntlich wird. Zudem bilden auch die Lehrpersonen, die sich für dieses Lehrmittel entscheiden, eine wichtige Zielgruppe, denn sie sind es, die massgeblich zum Lernerfolg der Lernenden beitragen. Kap. 2.2 zeigt auf, dass auch diese Zielgruppe durch eine hohe Heterogenität gekennzeichnet ist, und klärt die Funktionen des vorliegenden Handbuchs.

2.1 Lernende

Jugendliche, die mit *startklar* A2 Deutsch lernen, haben die GER-Stufe A1 absolviert, zumindest im Hörverstehen und dialogischen Sprechen. Einige Lernende, die mit dem Deutscherwerb gleichzeitig auch alphabetisiert wurden, weisen im Bereich der schriftlichen Kompetenzen womöglich noch grössere Probleme auf, die aber den Ausbau der mündlichen Kompetenzen nicht verlangsamen dürfen.

Die Sprechgeläufigkeit in der Standardsprache ist die Grundlage für die Motivation zum weiteren Erwerb der Schulsprache.

Die meisten Jugendlichen, die mit *startklar* A2 arbeiten, lernen schon seit 6–8 Monaten Deutsch und besuchen den Anfangsunterricht für Deutsch als Zweitsprache in einer Integrationsklasse oder im intensiven DaZ-Anfangsunterricht. Diese Jugendlichen können sich in der unmittelbaren Umgebung orientieren und haben auch bereits mündliche Mundartkenntnisse erworben. Für den weiteren Erwerb der Schulsprache Deutsch ist es unabdingbar, dass die Sprechgeläufigkeit in der Standardsprache intensiv trainiert wird. Dadurch wird der Gefahr entgegengewirkt, dass der Gebrauch der Mundart zur Routine wird und die Motivation zum weiteren Erwerb der Schulsprache schwindet. Dazu gehört auch, dass alle Lehrpersonen im Kontakt mit diesen Jugendlichen Standardsprache sprechen.

***startklar* A2 kann in Regelklassen modular zur Förderung eines Kompetenzbereichs eingesetzt werden.**

startklar A2 kann auch modular in Regelklassen zur Förderung von Teilkompetenzen eingesetzt werden. Aus diesem Grund gehören auch Mundart sprechende Jugendliche, die im Hochdeutschen Defizite aufweisen, zur Zielgruppe dieses Lehrmittels. Vor allem im Bereich der Schriftlichkeit (Leseverstehen und Schreiben), aber auch im Bereich der Geläufigkeit im dialogischen und monologischen Sprechen weisen viele Jugendliche in Klassen mit tieferem Anforderungsprofil einen Förderbedarf auf, der mit *startklar* A2 aufgefangen werden kann. Beim Sprechen geht es in erster Linie darum, eine hohe Geläufigkeit im Gebrauch der Standardsprache zu erreichen, sodass dieser als normal empfunden wird.

Jugendliche, die mit *startklar* A2 Deutsch lernen, stammen aus Familien mit ganz unterschiedlichen sozialen Voraussetzungen. Es können Kinder aus bildungsnahen Akademikerfamilien oder aus bildungsfernen Arbeiterfamilien sein, die deshalb auch ganz unterschiedliche Kompetenzen mitbringen – sowohl im Hinblick auf die Kenntnisse der Erstsprache(n) als auch im Hinblick auf das Weltwissen und die schulische Bildung.

Was die Heterogenität zusätzlich verstärkt, sind die individuellen Lernvoraussetzungen: Die einen sind eher impulsive Lerntypen, die sich mit wenigen Wörtern und Formulierungen verständlich machen wollen. Sie kümmern sich nicht gross um sprachformale Regeln. Ihr Ziel ist es, sich mit allen Mitteln auszudrücken und verständlich zu machen. Gerade diese Lernenden erwerben die Mundart im Kontakt mit den Gleichaltrigen schnell und riskieren, im mündlichen Ausdruck zu fossilieren → **Kap. 4.1**. Andere Lernende sind eher reflexive Lerntypen. Sie äussern sich meist nur, wenn sie sich der sprachlichen Form ganz sicher sind. Dieser Lerntyp will zuerst verstehen und alles möglichst richtig machen. Für sie besteht eine geringere Gefahr der Fossilierung, allerdings müssen sie ermutigt werden, Hochdeutsch zu sprechen, auch wenn ab und zu Fehler vorkommen.

Trotz der grossen Heterogenität der Lernenden bestehen viele wichtige Gemeinsamkeiten, welche die Grundlage für die Integration in der Schule, für den Erwerb des Deutschen und für den Bildungserfolg sind. Die erste und wichtigste Gemeinsamkeit ist das Jugendalter und damit die Bedürfnisse von Jugendlichen in der Pubertät. Jugendliche suchen den Anschluss an Gleichaltrige, sie haben das Bedürfnis, einem Freundeskreis anzugehören, sie sind auf der Suche nach der eigenen Identität, sie sind wissbegierig und lernen sowohl die Schulsprache als auch die Mundart in der Regel relativ schnell.

Die zweite Gemeinsamkeit, welche die meisten Jugendlichen dieser Zielgruppe auszeichnet, bildet der Wunsch nach Bildungserfolg. Sie wissen, dass eine gute Schulbildung nur möglich wird, wenn sie intensiv Deutsch lernen. Ihre Lernbereitschaft ist in der Regel hoch – vorausgesetzt, sie werden nicht nur gefördert, sondern auch gefordert. Dieser Anspruch wird mit allen Teilen von *startklar* insofern eingelöst, als die didaktische Gestaltung auf der einen Seite ein schrittweises Vorgehen mit einer starken Unterstützung ermöglicht (= fördern), die sprachliche Progression auf der anderen Seite aber sehr steil ist und somit hohe Lernleistungen verlangt (= fordern).

Für die thematische und sprachdidaktische Gestaltung des gesamten Lehrmittels bilden diese Voraussetzungen – und somit die Lebensumstände der Jugendlichen – den Ausgangspunkt für die Wahl der Themen und der Inhalte.

2.2 Lehrpersonen

Jugendliche mit geringen Deutschkenntnissen werden je nach Kanton und Gemeinde in ganz unterschiedlichen Settings unterrichtet → **Kap. 3**. Dies führt unter anderem dazu, dass für den Anfangsunterricht Lehrpersonen mit unterschiedlichen professionellen Voraussetzungen eingesetzt werden müssen. Neben Lehrpersonen mit stufenspezifischer und zusätzlicher Ausbildung für den DaZ-Unterricht (Deutsch als Zweitsprache) sind auch fach- und/oder stufenfremde Lehrpersonen im Einsatz.

Aus diesem Grund wurde *startklar* so konzipiert, dass alle Lehrpersonen durch das Lehrmittel stark unterstützt werden. Dies geschieht einerseits durch die einfachen und klaren Aufgabenstellungen im Themenbuch und im Arbeitsheft, die so formuliert wurden, dass die Lernenden unmittelbar verstehen können, wie sie die Aufgabe lösen sollen. Andererseits bietet das vorliegende Handbuch einen Leitfaden für die sprachdidaktische Gestaltung des Unterrichts.

Das Handbuch von *startklar* A2 bietet einen sprachdidaktischen Leitfaden.

Das vorliegende Handbuch dient der Lehrperson in zweifacher Hinsicht. Erstens werden die sprachdidaktischen Grundlagen und damit der sprachdidaktische Ansatz dargelegt. Insbesondere bei der Frage, wie man Sprachkompetenzen fördert, bestehen auch zwischen Lehrpersonen unterschiedliche Vorstellungen, die häufig auf eigene Lern- und Unterrichtserfahrungen zurückgehen. Diese führen dazu, dass im eigenen Unterricht Lernformen und Aktivitäten reproduziert werden, die man selbst als Lernende/r erlebt hat. Wer zum Beispiel die eigenen Sprachkompetenzen vor allem über das Lesen von allerlei Texten erfolgreich erweitert hat, neigt dazu, im Unterricht das Lesen von Texten stärker zu gewichten. Schülerinnen und Schüler mit sehr schwachen Lesekompetenzen können dadurch aber benachteiligt werden, da sie ihre Stärken (zum Beispiel im Sprechen) zu wenig einsetzen können. Mit den didaktischen Grundlagen werden deshalb die in *startklar* A2 vorgesehenen Lernformen und Ziele offengelegt, damit die Lehrperson ihre eigenen didaktischen Vorlieben reflektieren kann und in der Unterrichtsgestaltung möglichst alle Lerntypen berücksichtigt werden können.

Das Handbuch von *startklar* A2 liefert ein breites sprachdidaktisches Instrumentarium für die Unterrichtsgestaltung.

Zweitens bietet das vorliegende Handbuch ein breit angelegtes Instrumentarium für die Unterrichtsgestaltung. Die Aufgabenstellungen im Themenbuch und im Arbeitsheft geben zwar möglichst unmissverständlich vor, wie die anvisierte Sprachaktivität umzusetzen ist. Viele didaktisch notwendige Schritte müssen aber von der Lehrperson eingeplant werden, damit die Lernenden nicht überfordert und die anvisierten Ziele erreicht werden. Gerade beim Hören und Lesen von längeren Texten sind vorentlastende Aktivitäten unabdingbar. In den gedruckten Materialien besteht aber nicht genügend Platz, um die notwendige Vorentlastung mit spezifischen Aufgabenstellungen vorzugeben. Aus diesem Grund werden im sprachdidaktischen Teil des vorliegenden Handbuches nicht die einzelnen Inhalte kommentiert, sondern es wird ein didaktisches Instrumentarium angeboten, das je nach Bedürfnissen der Klasse bzw. der einzelnen Lernenden genutzt werden kann.

3 Einsatz des Lehrmittels

Die Förderung von Jugendlichen mit geringen Deutschkenntnissen wird je nach Kanton und Gemeinde unterschiedlich organisiert. Im Kanton Zürich ist für Jugendliche, die ohne Deutschkenntnisse in die Sekundarschule eintreten, ein intensiver DaZ-Anfangsunterricht vorgesehen, der in der Regel ein Jahr dauert. In dieser Zeit können viele Lernende mit *startklar* A1 und A2 so weit gefördert werden, dass sie dem regulären Klassenunterricht weitgehend folgen können. Andere Lernende brauchen dazu mehr Zeit.

Nach einem Jahr DaZ-Anfangsunterricht ist ein Aufbauunterricht vorgesehen, der nicht nur von neu zugezogenen Jugendlichen besucht wird. In einer entsprechenden Broschüre (2011) der Bildungsdirektion des Kantons Zürich[1] werden für den DaZ-Aufbauunterricht in der Primar- und der Sekundarstufe I folgende Richtlinien definiert:

> «Der DaZ-Aufbauunterricht richtet sich an Schülerinnen und Schüler, die ihre Deutschkompetenzen weiterentwickeln und vertiefen müssen, damit sie dem Regelunterricht erfolgreich folgen können. Dies können Lernende nichtdeutscher Erstsprache sein, die hier geboren worden sind, die schon auf der Kindergartenstufe DaZ-Unterricht besucht haben oder die im Laufe der Schulzeit zugezogen sind und davor während einem Jahr den DaZ-Anfangsunterricht besuchten.»[2]

Die Unterrichtssettings, in denen diese Jugendlichen unterrichtet werden, sind erfahrungsgemäss sehr unterschiedlich. Aus diesem Grund wurden alle Teile von *startklar* so konzipiert, dass ein flexibler Einsatz möglich ist. Die verschiedenen Möglichkeiten werden im Folgenden dargelegt.

3.1 Gliederung der Themeneinheiten

Die Einheiten in *startklar* sind thematisch nach dem Spiralprinzip aufgebaut, das heisst, dass die Themen aus *startklar* A1 in *startklar* A2 bzw. B1 wieder aufgenommen und vertieft werden. Die folgende Übersicht veranschaulicht den thematischen Aufbau.

	A1	A2	B1 (provisorische Titel)
Einheit 1	Erste Kontakte	Selbstporträt	Das ist mir wichtig
Einheit 2	Im Klassenzimmer	Meine Umgebung	Wohnen
Einheit 3	In der Schule	Lernen	Lernen lernen
Einheit 4	Freizeit	Hobbys	Ferien
Einheit 5	Meine Familie – deine Familie	Lebensformen und Familien	Freundschaft und Beziehung
Einheit 6	Wie geht's?	Alles okay?	Gesundheit
Einheit 7	Feste und Anlässe	Lebensmittel	Lebensmittelproduktion
Einheit 8	Berufe und Berufswunsch	Berufsbildung und Studium	Berufe und Bewerbungen
Einheit 9	Digitale Medien	News!	Medien
Einheit 10	Aussehen und Mode	Kultur und Unterhaltung	Kreativität

---

[1] Siehe VSA-Broschüre *Angebote für Schülerinnen und Schüler mit besonderen pädagogischen Bedürfnissen – Deutsch als Zweitsprache (DaZ) in Aufnahmeunterricht und Aufnahmeklasse* (Zürich 2011). (https://vsa.zh.ch)

[2] Ebd., S. 4.

Für den curricularen Einsatz benötigen alle Lernenden ein persönliches Exemplar des Lehrmittels.

Der senkrechte Pfeil in der Tabelle veranschaulicht den curricularen Einsatz. Dabei werden die Themen der Reihe nach durchgearbeitet, sodass einer idealtypischen Sprachprogression gefolgt werden kann. Dieser Einsatz empfiehlt sich im weiterführenden intensiven Anfangsunterricht wie auch in einer Regelklasse mit relativ hohen Sprachförderbedarf. Im letzteren Fall arbeiten die Klassenlehrperson und die DaZ-Lehrperson mit dem gleichen Lehrmittel, was für die Zusammenarbeit eine grosse Erleichterung bedeutet. Voraussetzung für einen curricularen Einsatz ist ein persönliches Exemplar des Lehrmittels für jeden Lernenden.

Für den modularen Einsatz bedarf es eines Klassensatzes aller Teile des Lehrmittels.

Der waagrechte Pfeil in der Tabelle veranschaulicht einen möglichen modularen Einsatz im Aufbauunterricht oder in einer Regelklasse. Dabei kann ein spezifisches Thema so behandelt werden, dass mit der ersten Einheit aus *startklar* A1 die sprachlichen Grundlagen bearbeitet werden und das gleiche Thema mit den entsprechenden Einheiten aus A2 und B1 auf sprachlich anspruchsvollerem Niveau erweitert und vertieft wird. Möglich ist auch, dass mit den parallelen Einheiten aus *startklar* A2 und B1 gearbeitet wird.

Parallele Themeneinheiten aus *startklar* A1, A2 und B1 können als Vorbereitung für die Bearbeitung des gleichen Themas in der Regelklasse genutzt werden.

Dazu ein Beispiel: In der 2. Klasse der Sekundarstufe I ist die Berufswahl ein wichtiges Thema. Viele Jugendliche in Klassen mit tieferem Anforderungsprofil sind mit diesem Thema sprachlich überfordert. Am Ende der 1. Klasse und/oder am Anfang der 2. Klasse könnten deshalb die Einheiten 8 von *startklar* A1, A2 und B1 mit der ganzen Klasse oder mit einer Lerngruppe im DaZ-Aufbauunterricht eingehend bearbeitet werden, sodass die Schülerinnen und Schüler das notwendige Hintergrundwissen über Berufe und den spezifischen Wortschatz für die vertiefte Behandlung des Themas zur Verfügung haben.

In Kap. 3.2 werden weitere Möglichkeiten für einen modularen Einsatz in Bezug auf einen Kompetenzbereich skizziert. Voraussetzung für den modularen Einsatz ist ein Klassensatz des gesamten Lehrmittels.

Alle Themeneinheiten von *startklar* sind nach dem gleichen Prinzip aufgebaut. Sie sind in sechs Bereiche mit je einer Doppelseite im Themenbuch und den dazugehörigen Übungs- und Vertiefungsangeboten im Arbeitsheft sowie in den Zusatzmaterialien aufgeteilt.

Die folgenden sechs Bereiche umfassen im Themenbuch je eine Doppelseite

zur Förderung der rezeptiven Fertigkeiten,

1. Hörverstehen

2. Leseverstehen

zur Förderung der produktiven Fertigkeiten

3. Dialogisches Sprechen

4. Monologisches Sprechen

5. Schreiben

und zur gezielten Vermittlung von Wissen über die Schweiz.

6. Landeskunde

Die Einheit 8 von *startklar* A2 ist zum Beispiel wie folgt gegliedert:

Einheit 8 Berufsbildung und Studium

1. **Hörverstehen**
   Je ein längerer Bericht von zwei Jugendlichen über ihre Berufswahl

2. **Leseverstehen**
   Eine Berufsbeschreibung mit Verstehensaufgaben

3. **Dialogisches Sprechen**
   Drei telefonische Anfragen für eine Schnupperlehre

4. **Monologisches Sprechen**
   Vorträge über vier verschiedene Berufe

5. **Schreiben**
   Bewerbung für eine Schnupperlehre mit zwei Mustertexten und Anleitungen für einen eigenen Brief

6. **Landeskunde**
   Mögliche Brückenangebote im Übergang zwischen Volksschule und weiterführenden Schulen

Die Gliederung der Einheiten entspricht der Einteilung in Kompetenzbereiche im Lehrplan 21 und ermöglicht sowohl einen curricularen als auch einen modularen Einsatz des Lehrmittels, wie in den folgenden zwei Unterkapiteln genauer beschrieben wird.

3.2 Curricularer Einsatz

Im weiterführenden intensiven Anfangsunterricht arbeiten die Jugendlichen viele Stunden mit *startklar* A2, sowohl im Unterricht als auch im Selbststudium. Aus diesem Grund werden ergänzend zum Themenbuch und Arbeitsheft auch Zusatzmaterialien angeboten, damit die Lernenden genügend vertiefendes Material zur Verfügung haben. Beim Einsatz in einer Regelklasse mit zusätzlichem DaZ-Aufbauunterricht arbeiten die Jugendlichen vor allem in den Deutschstunden und im DaZ-Unterricht mit dem Lehrmittel. Bei diesem Setting können die Zusatzmaterialien für Schnelllernende und zur Differenzierung eingesetzt werden.

Im Folgenden wird die Bearbeitung von *startklar* A2 beim curricularen Einsatz beschrieben.

Hörverstehen

Der Einstieg in das Thema einer Einheit erfolgt im Themenbuch auf der ersten Doppelseite mit längeren Hörtexten und dazugehörigen Verstehensaufgaben. Damit eine effiziente Arbeit mit diesen anspruchsvollen Texten möglich wird, braucht es immer eine entsprechende Einführung ins Thema, eine sogenannte Vorentlastung → Kap. 5.1.1.

Leseverstehen

Auf der folgenden Doppelseite wird das Thema anhand eines längeren Lesetextes vertieft. Dabei werden die Texte als Faksimiles unterschiedlicher Textsorten (Berufsbild, Interview aus einer Zeitschrift, Fachtext aus einem Lehrmittel usw.) dargestellt.

Dialogisches Sprechen

Die produktiven Fertigkeiten werden auf der folgenden Doppelseite in einem ersten Schritt mit Dialogen zum Auswendiglernen und zum Variieren gefördert. Dabei geht es um den Aufbau von Sprechroutinen mit korrekten Formulierungen und um die Festigung des produktiven Wortschatzes. Die Dialoge beziehen sich inhaltlich auf die zuvor behandelten Hör- und Lesetexte.

Monologisches Sprechen

In einem zweiten Schritt wird das monologische Sprechen mit Vorträgen gefördert. Dabei geht es auf der sprachlichen Ebene um die Verinnerlichung einer bestimmten Textstruktur und somit um die Förderung der Textkompetenz → Kap. 4 sowie um das Einüben von Chunks, das heisst häufig vorkommenden fixen Wortketten mit den entsprechenden, korrekten sprachlichen Formen → Kap. 8.1. Auf der Ebene der Selbstkompetenzen geht es um den Aufbau von Selbstsicherheit und Auftrittskompetenz.

Schreiben

Analog zum monologischen Sprechen fördern die Doppelseiten zum Schreiben die Textkompetenz, indem eine klare Textstruktur und ein Beispieltext vorgegeben werden. Durch das Formulieren eines Paralleltextes werden sowohl grammatikalische Formen als auch die Rechtschreibung trainiert.

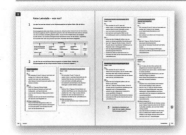

Landeskunde

Die abschliessende Doppelseite zur Landeskunde kann je nach Lerngruppe ausführlich oder nur kurz behandelt werden. Vor allem bei lernstarken Schülerinnen und Schülern lohnt es sich, diese Seiten eingehend zu bearbeiten, damit – abgesehen von den schweizspezifischen Inhalten – vor allem der rezeptive und inhaltsorientierte Gebrauch der Sprache noch stärker zum Zuge kommt.

Jede Themeneinheit kann in rund 30 Lektionen und etwa 5 bis 10 Stunden Selbststudium bearbeitet werden. Die Verteilung der Inhalte auf die Lektionen und das Selbststudium hängen massgeblich von der Anzahl an Lektionen und den individuellen Voraussetzungen der Lernenden ab. Die 10 Themeneinheiten von *startklar* A2 liefern in jedem Fall Unterrichtsmaterial für 350 bis 400 Lernstunden, was dem Lernpensum für die Niveaustufe A2 gemäss dem Gemeinsamen Europäischen Referenzrahmen für Sprachen (GER) entspricht.

Für die Lernmotivation und eine steile Spracherwerbsprogression lohnt sich eine zügige Bearbeitung der Inhalte.

Die 10 Themeneinheiten sollten im intensiven DaZ-Anfangsunterricht in rund 20 Schulwochen durchgearbeitet werden, wobei pro Woche etwa 15 Lektionen Unterricht und 5 Stunden Selbststudium notwendig wären. Nur so kann die erforderliche steile Spracherwerbsprogression eingehalten werden. Das bedeutet auch, dass je nach Voraussetzungen nicht immer alle Lehrmittelinhalte eingehend bearbeitet werden können. Dies ist auch nicht notwendig, denn die thematischen und sprachlichen Inhalte werden in *startklar* B1 wieder aufgenommen. Auch für die Lernmotivation ist es von Vorteil, wenn einzelne Inhalte vertieft bearbeitet, andere dagegen nur gestreift oder gar weggelassen werden.

In einer Regelklasse mit DaZ-Unterricht kann *startklar* A2 während den Deutschlektionen innerhalb eines Schuljahres durchgearbeitet werden. Für jede Themeneinheit stehen somit rund 4 Wochen mit je 4 bis 5 Deutsch- und 2 DaZ-Lektionen zur Verfügung (total 24 bis 28 Lektionen). Je nach Sprachstand der Lernenden und Tiefe der Verarbeitung der Inhalte können die Einheiten auch mit weniger Lektionen und Selbststudium bearbeitet werden.

Im Folgenden wird der Unterrichtsablauf im curricularen Einsatz anhand der Einheit 8 von *startklar* A2 beispielhaft skizziert.

Curricularer Einsatz

startklar A2	Inhalte und Aufgaben	Individuelle Arbeiten
Einheit 8: **Berufsbildung und Studium**	**Total 30 Lektionen**	**Total 5 – 10 Stunden**
Hörverstehen **So habe ich meinen Beruf gewählt**	4 Lektionen – bekannte Berufsbezeichnungen sammeln – evtl. Bericht der Lehrperson, wie ihre Berufswahl erfolgte – Bilder der zwei Jugendlichen anschauen und raten, welche Berufe sie gewählt haben – Hörtexte zweimal hören, Etappen zuordnen – zu zweit vergleichen, danach im Plenum besprechen – Aufgabe im Arbeitsheft lösen – Lösung im Arbeitsheft zu zweit vergleichen und im Plenum besprechen	1 Stunde – Aufgabe im Arbeitsheft fertigstellen
Leseverstehen **Berufsbeschreibungen**	4 Lektionen – Wortschatzarbeit im Arbeitsheft – anhand des Titels und der Bilder das vorhandene Wissen über den Beruf aktivieren – Oberbegriffe in der Berufsbeschreibung genau verstehen – das Schlüsselwort im Wörterbuch nachschlagen – einen Teil des Textes lesen, fünf neue Wörter daraus wählen und klären – ganze Berufsbeschreibung lesen und Informationen markieren – im Arbeitsheft persönlich wichtige Informationen notieren	1 Stunde – Wörter mit Wortschatzliste lernen
Dialogisches Sprechen **Telefongespräche für eine Schnupperlehre**	6 Lektionen – über Erfahrungen mit formalen Telefongesprächen sprechen (mit der Schulleitung, mit der Ärztin, mit einem Beamten) – Dialoge einzeln hören und notieren lassen: Wer spricht mit wem? Um welchen Beruf handelt es sich? Wie endet das Gespräch? – Resultate zu zweit vergleichen und im Plenum besprechen – einen Dialog wählen und einüben – zu zweit einen Paralleldialog schreiben und korrigieren und am Computer schreiben – eigenen Dialog der Klasse vorspielen mit Rückmeldungen – im Arbeitsheft das Kapitel «Satzbau 8» bearbeiten.	1 Stunde – eigenen Dialog auswendig lernen
Monologisches Sprechen **Einen Beruf vorstellen**	8 Lektionen – Bilder anschauen und den Anfang des Textes lesen – Beruf Polymechaniker/Polymechanikerin EFZ klären – Vortrag hören und halblaut mitlesen – Kernaussagen im Text suchen und markieren – den Abschnitten Zwischentitel zuordnen – Powerpoint-Folien vorbereiten – die drei Vorträge im Zusatzmaterial analog bearbeiten – einen Vortrag auswählen und einüben – Vortrag halten – Rückmeldungen notieren	1 – 2 Stunden – Wörter lernen – Vortrag einüben

Schreiben	Meine Bewerbung für eine Schnupperlehre	6 Lektionen	2 Stunden
		– Briefe anschauen und den Aufbau erkennen – zu zweit je einen Brief lesen und die Informationen gegenseitig austauschen – Briefe tauschen und selbst lesen – zu zweit unbekannte Wörter klären – Abschnitte markieren gemäss den Farben in Aufgabe 2 – im Arbeitsheft einen Lebenslauf lesen, verstehen und den eigenen erstellen – im Arbeitsheft das Unterkapitel «Meine Stärken» bearbeiten – eine Bewerbung für eine Schnupperlehre schreiben	– Wörter lernen – Lebenslauf erstellen – Checklisten ausfüllen – Bewerbungsbrief fertig schreiben

Landeskunde	Keine Lehrstelle – was nun?	2 Lektionen
		– Schema lesen und verstehen – Profile der Brückenangebote lesen und verstehen – im Arbeitsheft Fallbeispiele lesen und zuordnen

3.3 Modularer Einsatz

Ein modularer Einsatz von *startklar* A2 ist vor allem im DaZ-Aufbauunterricht, in Ateliers oder in Regelklassen mit tiefem Anforderungsprofil angezeigt. Dabei gilt es, einen Kompetenzbereich zu bestimmen, in dem die Lernenden einen besonderen Förderbedarf aufweisen.

Es bestehen mindestens vier verschiedene Möglichkeiten, das Lehrmittel für einen Kompetenzbereich modular einzusetzen.

1. Intensive Schreibförderung

Im Lehrplan 21 wird der Schreibkompetenz ein grosser Stellenwert beigemessen, nicht zuletzt, weil diese für Schulerfolg massgebend ist. Der Kompetenzbereich Schreiben wird deshalb auch in vier Handlungs-/Themenaspekte unterteilt:

– Ideen finden und planen,
– formulieren,
– inhaltlich überarbeiten,
– sprachformal überarbeiten.

In vielen Sekundarklassen mit tiefem Anforderungsprofil verfügen nur wenige Schülerinnen und Schüler über die vom Lehrplan 21 vorgesehenen Schreibkompetenzen. Die frei geschriebenen Texte dieser Lernenden sind meist sehr mündlichkeitsgeprägt, mit Gedankensprüngen und vielen Schreibfehlern. In diesen Fällen ist ein intensives Schreibtraining angezeigt, das mit einfachen Anforderungen aus *startklar* A2 beginnt.

Der folgende Ablaufplan zeigt, wie bei wöchentlich zwei Lektionen Unterricht und einer Stunde Selbststudium ein 20-wöchiges Intensivtraining zum Schreiben gegliedert sein könnte.

Modularer Einsatz

startklar A2	Inhalte und Aufgaben	Individuelle Arbeiten
	Total 40 Lektionen	**Total 10 Stunden**

Einheit 1:
Selbstporträt
	4 Lektionen
	
	Ein Tag in meinem Leben
	– Mustertext hören/lesen und Aufgaben 2 und 3 lösen
	– Aufgabe 4 erklären
	– einen gemeinsamen Text am Beamer schreiben
	  (= Modelling → **Kap. 6.3.2**)
	– eigenen Text schreiben
	– Texte nach der Korrektur gegenseitig vorlesen
		1 Stunde
		
		– begonnenen Text am
		  Computer fertig schreiben
		  und zur Korrektur an die
		  Lehrperson schicken

Einheit 2:
Meine Umgebung
	4 Lektionen
	
	Mein Lieblingsplatz
	– das Korrekturverfahren erklären
	– individuelle Lernsätze zum ersten Text austeilen
	– über Lieblingsorte sprechen
	– Mustertext hören/lesen und Aufgaben 2 und 3 lösen
	– evtl. einen gemeinsamen Text am Beamer schreiben
	  (= Modelling → **Kap. 6.3.2**)
	– eigenen Text schreiben
	– Texte nach der Korrektur gegenseitig vorlesen
	– Lernsätze aus dem ersten Text als Prüfung schreiben
		1 Stunde
		
		– begonnenen Text am
		  Computer fertig schreiben
		  und zur Korrektur an die
		  Lehrperson schicken
		– Lernsätze aus dem ersten
		  Text auswendig schreiben
		  lernen

Einheit 3:
Lernen
	4 Lektionen
	
	Wochenrückblick
	– individuelle Lernsätze zum zweiten Text austeilen
	– über Sinn und Zweck von Lernrückblicken sprechen → **Kap. 6.1.2**
	– Mustertext hören/lesen und Aufgaben 2 und 3 lösen
	– eigenen Text schreiben
	– Texte nach der Korrektur gegenseitig vorlesen
	– Lernsätze aus dem zweiten Text als Prüfung schreiben
		1 Stunde
		
		– begonnenen Text am
		  Computer fertig schreiben
		  und zur Korrektur an die
		  Lehrperson schicken
		– Lernsätze aus dem
		  zweiten Text auswendig
		  schreiben lernen

Einheit 4:
Hobbys
	4 Lektionen
	
	Ein Rätsel in der Schülerzeitung
	– individuelle Lernsätze zum dritten Text austeilen
	– klären, was Rätsel sind
	– evtl. die Wörter *rätseln* und *raten* klären
	– Mustertext hören/lesen und Aufgaben 2 und 3 lösen
	– Sportarten auf der Website von «Jugend+Sport» suchen und
	  ausgefallene wählen
	– eigenen Text schreiben
	– Texte nach der Korrektur gegenseitig vorlesen und die Klasse
	  raten lassen
	– Lernsätze aus dem dritten Text als Prüfung schreiben
		1 Stunde
		
		– begonnenen Text am
		  Computer fertig schreiben
		  und zur Korrektur an die
		  Lehrperson schicken
		– Lernsätze aus dem dritten
		  Text auswendig schreiben
		  lernen

Einheit 5:
**Lebensformen und
Familien**
	4 Lektionen
	
	So möchte ich in 20 Jahren leben
	– individuelle Lernsätze zum vierten Text austeilen
	– über das zukünftige Leben nach der Ausbildung sprechen
	– Mustertexte hören/lesen und Aufgaben 2 und 3 lösen
	– eigenen Text schreiben
	– Texte nach der Korrektur gegenseitig vorlesen
	– Lernsätze aus dem vierten Text als Prüfung schreiben
		1 Stunde
		
		– begonnenen Text am
		  Computer fertig schreiben
		  und zur Korrektur an die
		  Lehrperson schicken
		– Lernsätze aus dem
		  vierten Text auswendig
		  schreiben lernen

Schreiben

Schreiben			
Einheit 6: **Alles okay?**	4 Lektionen		1 Stunde
	Unfallgeschichten – individuelle Lernsätze zum fünften Text austeilen – Bildergeschichte anschauen und Geschichte hören/lesen – zweite Bildergeschichte genau anschauen und besprechen – Geschichte schreiben – Texte nach der Korrektur austauschen und lesen lassen – Lernsätze aus dem fünften Text als Prüfung schreiben		– begonnenen Text am Computer fertig schreiben und zur Korrektur an die Lehrperson schicken – Lernsätze aus dem fünften Text auswendig schreiben lernen
Einheit 7: **Lebensmittel**	4 Lektionen		1 Stunde
	Mein Lieblingsessen – individuelle Lernsätze zum sechsten Text austeilen – über Lieblingsessen sprechen und eines auswählen – Fachbegriffe klären – Mustertext hören/lesen und Aufgabe 4 lösen – eigenen Text schreiben – Texte nach der Korrektur aushängen und lesen lassen – Lernsätze aus dem sechsten Text als Prüfung schreiben		– begonnenen Text am Computer fertig schreiben, ein Bild des Gerichts suchen und im Text integrieren – Text zur Korrektur an die Lehrperson schicken – Lernsätze aus dem sechsten Text auswendig schreiben lernen
Einheit 8: **Berufsbildung und Studium**	6 Lektionen		1 Stunde
	Meine Bewerbung für eine Schnupperlehre – individuelle Lernsätze zum siebten Text austeilen – über die Wirkung von formalen Briefen sprechen – Musterbriefe analysieren – im Arbeitsheft den Lebenslauf erstellen, eigene Stärken und Schwächen bestimmen und eigenen Bewerbungsbrief gemäss Anleitung schreiben – nach der Korrektur den Brief vorlesen und Rückmeldungen entgegennehmen – Rückmeldungen zum Text verarbeiten – Lernsätze aus dem siebten Text als Prüfung schreiben		– begonnenen Text am Computer fertig schreiben und Text zur Korrektur an die Lehrperson schicken – Lernsätze aus dem siebten Text auswendig schreiben lernen
Einheit 9: **News!**	6 Lektionen		1 Stunde
	Dumm gelaufen! – individuelle Lernsätze zum achten Text austeilen – Das Wort *peinlich* klären und von peinlichen Situationen erzählen lassen – Mustertext lesen und analysieren – eine eigene Peinlich-Geschichte schreiben – nach der Korrektur den Text vorlesen und Rückmeldungen entgegennehmen – Rückmeldungen zum Text verarbeiten – Lernsätze aus dem achten Text als Prüfung schreiben		– begonnenen Text am Computer fertig schreiben und Text zur Korrektur an die Lehrperson schicken – Lernsätze aus dem achten Text auswendig schreiben lernen
Einheit 10: **Kultur und Unterhaltung**	4 Lektionen		1 Stunde
	Musikstars – individuelle Lernsätze zum neunten Text austeilen – das Wort *Star* klären und von eigenen Stars erzählen lassen – Mustertext lesen und analysieren – einen eigenen Star beschreiben – Texte nach der Korrektur aushängen und lesen lassen – Lernsätze aus dem neunten Text als Prüfung schreiben		– begonnenen Text am Computer fertig schreiben und Text zur Korrektur an die Lehrperson schicken – Text mit Bildern des Stars ergänzen und zu einem Aushang gestalten – Lernsätze aus dem neunten Text auswendig schreiben lernen

Natürlich kann dieses Training auch gestrafft oder mit *startklar* B1 weitergeführt werden, vor allem dann, wenn die vorhandenen Schreibkompetenzen nicht den lehrplanmässigen Grundkompetenzen entsprechen. Wichtig ist, dass durch das häufige Schreiben und das Einüben von individuellen Lernsätzen die Schreibkompetenz sowohl auf der Ebene der Textstruktur und des Textwissens als auch auf der Ebene der sprachformalen Korrektheit entwickelt wird.

2. Intensives Training des monologischen Sprechens

Der Lehrplan 21 gibt im Zyklus 3 im Kompetenzbereich «Sprechen» folgende globale Kompetenzbeschreibung vor: «Die Schülerinnen und Schüler können sich in monologischen Situationen angemessen und verständlich ausdrücken.» Das bedeutet, dass die Lernenden ihre Gedanken und Meinungen strukturiert und nachvollziehbar darlegen sollen. Mit Lernenden, die diese Kompetenz noch nicht stufengemäss entwickelt haben, kann wie beim oben beschriebenen Beispiel zur Schreibfertigkeit vorgegangen werden. Dabei werden aus den 10 Einheiten die Doppelseiten zum monologischen Sprechen innerhalb von 10 Wochen à 2 Lektionen pro Woche bearbeitet.

Für das Vortragen von längeren Texten muss nicht der ganze Text auswendig gelernt werden. Es genügt, wenn die Schülerinnen und Schüler den Text so oft laut vorlesen, bis sie ihn gestaltend vortragen können. Dabei wird der Text mit häufigem Blickkontakt zum Publikum vorgelesen. Idealerweise wird der Vortrag gefilmt, sodass eine nachträgliche Besprechung von einzelnen Sequenzen möglich ist.

3. Intensives Training des korrekten Sprechens

Zum modularen Einsatz eignen sich auch die Dialoge aus *startklar* A2. Damit kann zum Beispiel die formale Korrektheit beim Sprechen intensiv trainiert werden. Beim Vorlesen kommt es oft vor, dass DaZ-Lernende grammatikalisch falsche Formen sprechen. Statt den Satz korrekt zu lesen – zum Beispiel «Wenn wir den Zug verpasst haben, dann können wir auch einen Nachtbus nehmen.» –, werden Fehler produziert, die aus der individuellen fehlerhaften Sprechroutine stammen. Der Satz könnte dann so gesprochen werden: «Wenn wir *habe* d*er* Zug verpasst, dann *wir könn*e auch ein*e* Nachtbus nehm*e*.*»[3]

In der Fachliteratur werden solche Normverstösse, die Lernende trotz Korrekturhinweisen immer wieder gleich produzieren, als «fossilierte Fehler» bezeichnet. Durch ein intensives Sprechtraining und eine akribische Korrektur, zum Beispiel anhand von Ton- oder Videoaufnahmen, können solche fehlerhaften Sprechroutinen korrigiert werden → Kap. 4.1.

4. Intensives Hör- und Leseverstehenstraining

Auch das Hör- und/oder das Leseverstehen können mit *startklar* A2 intensiv gefördert werden. Da sich die Aufgabenstellungen, die das Verstehen unterstützen, in allen Einheiten wiederholen, ergeben sich mit der Zeit automatisierte Verstehenshandlungen. Dazu gehören zum Beispiel das genaue Verstehen des Titels und das Raten, was im Text wohl vorkommen könnte.

Falls diese Trainings ausschliesslich im DaZ-Aufbauunterricht erfolgen, lohnt sich eine Absprache mit der (oder den) Klassenlehrperson(en). Erfahrungen aus der Praxis zeigen, dass Trainings zu einer Fertigkeit dann erfolgreich sind, wenn sie sich über einen längeren Zeitraum erstrecken. Auch aus organisatorischen Gründen ist es sinnvoll, ein bestimmtes Training jeweils über den Zeitraum eines Semesters anzubieten.

---

[3] Das Sternchen (*) bedeutet, dass der Satz grammatikalische Fehler enthält.

Didaktische Grundlagen und Instrumente

Mit *startklar* A2 bauen Jugendliche mit unterschiedlichen Spracherwerbsbiografien ihre sprachlichen Kompetenzen so aus, dass sie sich schrittweise den Grundansprüchen gemäss Lehrplan 21 annähern. Dabei gilt es einerseits, die Formen und Strukturen des Deutschen weiter auf- und auszubauen, andererseits geht es auch darum, den Umgang mit komplexen Texten mündlich und schriftlich einzuüben, um den (fach-)sprachlichen Ansprüchen des Regelunterrichts genügen zu können.

Zwar stützt sich *startklar* A2 auf Methoden des fremd- und zweitsprachlichen Unterrichts. Da aber auch monolingual deutschsprachige Jugendliche mit schwachen schulsprachlichen Kompetenzen mit *startklar* A2 effektiv gefördert werden können, sollte man nicht von «Deutsch als Zweitsprache» sprechen, sondern eher von «Deutsch als Lernsprache». Jugendliche auf leistungstieferen Niveaus der Sekundarstufe I müssen nicht nur an ihren Deutschkompetenzen arbeiten, sie müssen auch *auf Deutsch* lernen. Dies verlangt eine Sprachdidaktik, in der die für Schulerfolg notwendigen (fach-)sprachlichen Kompetenzen gezielt gefördert werden – eben eine *Didaktik des Deutschen als Lernsprache.*

In den folgenden Kapiteln werden die Grundlagen einer solchen *Didaktik des Deutschen als Lernsprache* dargelegt. Dabei handelt es sich einerseits um die sprachlichen Voraussetzungen für Schulerfolg, die für deutschsprachige wie mehrsprachige Lernende ausschlaggebend sind, sowie um die Zweitspracherwerbsmechanismen, die bei mehrsprachigen Lernenden ebenfalls einen grossen Einfluss auf Schulerfolg haben.

Andererseits werden die didaktischen Grundlagen zu den Kompetenzbereichen gemäss Lehrplan 21 im Detail dargelegt. Dabei handelt es sich um die rezeptiven Kompetenzen (Hören und Lesen), die produktiven Kompetenzen (dialogisches/monologisches Sprechen und Schreiben) sowie den Kompetenzbereich «Sprache im Fokus» (Wortschatz und Grammatik). Die didaktischen Grundlagen beziehen sich dabei auf das Niveau A2 gemäss dem Gemeinsamen Europäischen Referenzrahmen für Sprachen (GER).

4 Dimensionen der Sprachkompetenz und Verlauf des Zweitspracherwerbs

Menschen lernen im sozialen Kontakt, sich sprachlich zu verständigen.[1] Der grösste Teil von alltagssprachlichen Kompetenzen wird nicht schulisch gelernt, sondern in der Interaktion mit anderen Menschen erworben. Man könnte sagen, dass dies der natürliche Erwerb und Gebrauch von Sprache ist. Zu bemerken ist, dass sich diese Alltagskommunikation zu einem grossen Teil auf unmittelbare und/oder leicht nachvollziehbare Situationen bezieht und meist im Dialog realisiert wird. Vieles ist dabei also aus der Situation heraus klar und kann mit einfachem Wortschatz und ohne anspruchsvolle grammatikalische Strukturen sprachlich realisiert werden.

Für Schulerfolg sind alltagssprachliche Kompetenzen nicht ausreichend.

Für die Anforderungen in der schulischen Bildung genügen alltagssprachliche Deutschkompetenzen jedoch nicht. Unabhängig davon, ob Jugendliche Deutsch als Erstsprache gelernt haben oder Deutsch als Zweitsprache lernen: Sie müssen sich eine über die Alltagssprache hinausgehende Variante der Sprache aneignen, die schul- und bildungsrelevante Merkmale aufweist. Diese Variante der Sprache, die im Fachdiskurs als *Bildungssprache* bezeichnet wird, ermöglicht es, komplexe mündliche und schriftliche Texte zu verstehen und zu produzieren. Der Lehrplan 21 zeigt auf, an welchen Kompetenzen hierzu vom Schuleintritt an kontinuierlich und zyklisch gearbeitet werden muss.

Kinder und Jugendliche aus bildungsnahem Milieu sind schulisch bevorteilt.

Kinder aus bildungsnahem Milieu sind diesbezüglich insofern bevorteilt, als sie bereits in der frühen Kindheit zahlreiche Erfahrungen mit längeren Geschichten und erklärenden Gesprächen gesammelt haben. Kinder aus bildungsfernem Milieu machen entsprechende Erfahrungen oft erst im Kindergarten und in den ersten Schuljahren.

Der Umgang mit komplexen Sprachprodukten ist allerdings für jedes Alter schwierig und bedarf grösserer Anstrengungen seitens der Lernenden und grösserer didaktischer Beachtung seitens der Lehrperson. Im Folgenden wird das sprachliche Lernen nach den sechs im Fachbereich «Sprachen» des Lehrplans 21 genannten Kompetenzbereichen differenziert und auf den Verlauf des Zweitspracherwerbs bezogen.

4.1 Verschiedene Aspekte des sprachlichen Lernens

4.1.1 Sechs Kompetenzbereiche

Im Lehrplan 21 wird das sprachliche Lernen in die folgenden sechs Kompetenzbereiche gegliedert:

- Hören
- Lesen
- Sprechen
- Schreiben
- Sprache(n) im Fokus
- Literatur im Fokus

---

[1] Voraussetzung dafür sind natürlich intakte Hör- und Sprechorgane.

In den Kompetenzbereichen Hören, Lesen, Sprechen und Schreiben geht es sowohl darum, die Alltagssprache anzuwenden und weiterzuentwickeln, als auch darum, die für Schulerfolg entscheidende Bildungssprache auf- und auszubauen. Der Auf- und Ausbau beider Varietäten des Deutschen – der Alltagssprache und der Bildungssprache – laufen parallel, da beide Varietäten auch gleichzeitig im Unterricht vorkommen. Die Verwendung von Sprache im Unterricht kann somit als ein Kontinuum zwischen Alltagssprache und Bildungssprache dargestellt werden.

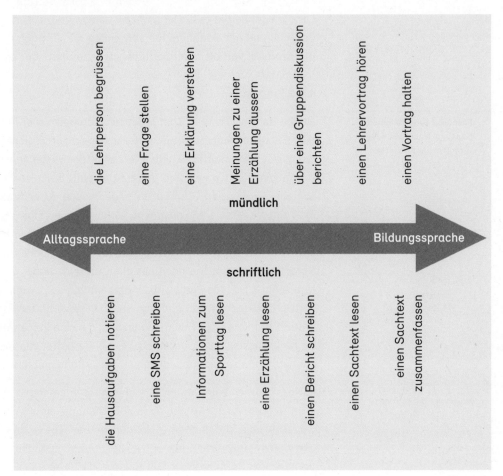

Auf dem Sprachniveau der Zielgruppe von *startklar* A2 müssen im Unterricht der Auf- und Ausbau der Bildungssprache gegenüber der Weiterentwicklung der Alltagssprache nach und nach stärker gewichtet werden. Dazu gehören eine differenzierte Wortschatzarbeit sowie Angebote zur Aneignung von implizitem Grammatikwissen, mit deren Hilfe das Verstehen und Wiedergeben von komplexeren Sachverhalten möglich wird.

Während Lernende bei der Aneignung der Bildungssprache – wie erwähnt – je nach familiärem Hintergrund unterschiedliche Voraussetzungen in die Schule mitbringen, spielt beim Lernen von Wortschatz und Grammatik ein weiterer Faktor eine entscheidende Rolle: Je nach Erstsprache stellen sich beim Lernen des Deutschen unterschiedliche Herausforderungen. Selbstverständlich ist es innerhalb einer Sprachgruppe (z.B. der germanischen Sprachen) einfacher, eine andere Sprache zu lernen (z.B. Dänisch für eine deutschsprachige Person), da bestehendes Sprachwissen übertragen werden kann. Eine grössere Herausforderung stellt das Lernen von Sprachen dar, die ausserhalb der eigenen Sprachgruppe sind – für Deutschsprachige zum Beispiel eine lateinische Sprache oder eine Turksprache. Aber auch hier kann man auf bestehendes Wissen zurückgreifen, zum Beispiel bei sogenannten Internationalismen, das heisst Wörtern, die in vielen Sprachen vorkommen, wie zum Beispiel *Restaurant, Chemie, Universum* usw.

Das Lernen einer neuen Sprache ist also je nach bereits vorhandenen Sprachkenntnissen mit unterschiedlich grossem Aufwand verbunden. Aus der Praxis ist bekannt, dass Jugendliche, die im Schulalter mit dem Deutscherwerb beginnen, in der Regel mindestens vier Jahre benötigen, bis sie dem Regelklassenunterricht ohne weitere Unterstützung folgen können.

Damit ein altersgemässes sprachliches Niveau so schnell als möglich erreicht werden kann, folgt *startklar* A2 einer steilen Progression. Den Jugendlichen müssen vielfältige Lerngelegenheiten mit altersnahen Themen angeboten werden, sodass das Lernen der Sprache eng mit Sachinhalten verbunden ist. Je nach Lernenden können dabei Inhalte aus *startklar* vertieft, nur oberflächlich behandelt oder gar ganz weggelassen werden.

4.1.2 Pragmatik

Neben den in Kap. 4.1.1 aufgeführten Kompetenzbereichen wird im Fachdiskurs unter dem Stichwort *Pragmatik* ein weiterer Aspekt sprachlichen Lernens diskutiert. Hierbei ist das Wissen über kulturell bedingte Verhaltensweisen in einer bestimmten Region bzw. in einem spezifischen sozialen Umfeld gemeint. Beispielsweise geht es darum, sich in verschiedenen sozialen Situationen angemessen zu verhalten, das heisst zu wissen, wie man eine fremde Person anspricht, welche Fragen man stellen darf und welche nicht oder wie und wann man grüsst. Die pragmatischen Normen unterscheiden sich von Sprache zu Sprache, von Sprachregion zu Sprachregion und schliesslich auch innerhalb der gleichen Sprachgemeinschaft je nach sozialem Umfeld, wobei man hier von sprachlichen Registern spricht. Da jede Person in der Kindheit mit den pragmatischen Normen ihres Umfelds vertraut gemacht wird, wird angemessenes Verhalten in diesem Bereich als Teil einer guten Erziehung angesehen. Menschen, die sich in mehreren Sprachgemeinschaften bewegen, müssen somit unterschiedliche Verhaltensnormen kennen und unterscheiden können, wenn sie nicht anecken und als unhöflich erscheinen wollen.

Mit dem Lernen einer neuen Sprache müssen demnach auch neue Verhaltensformen gelernt werden. Auch hier gilt, dass Sprachen, die einander nahe verwandt sind, möglicherweise ähnliche pragmatische Normen kennen. Die Nähe kann aber genau zu einem Problem werden, insbesondere wenn es um unterschiedliche pragmatische Normen innerhalb der gleichen Sprache geht. Ein Beispiel dafür ist das unterschiedliche Sprachverhalten im Alltag in der Deutschschweiz und im Norden Deutschlands. In der Deutschschweiz fragt man in einem Telefonat unter Personen, die sich gut kennen, zuerst nach dem Befinden und kommt danach zur Sache. Im Norden Deutschlands wird meist die umgekehrte Reihenfolge präferiert. Im Kontakt zwischen einer Person aus der Schweiz und einer aus Norddeutschland kann dies zu interkulturellen Irritationen führen. Was die eine Person als arrogant empfindet (mit der Tür ins Haus fallen), kann die andere Person als heuchlerisch empfinden (um den heissen Brei herumreden).

Im Lehrplan 21 wird dieser Aspekt des sprachlichen Lernens im Kapitel «Überfachliche Kompetenzen» thematisiert. Unter dem Titel «Soziale Kompetenzen (Dialog- und Kooperationsfähigkeit, Konfliktfähigkeit und Umgang mit Vielfalt)» sind entsprechende Kompetenzen beschrieben. Ausserdem finden sich bei den Fremdsprachen Französisch und Englisch im Kompetenzbereich «Kulturen im Fokus» entsprechende Hinweise. Hier steht zum Beispiel als erste Kompetenz: «Die Schülerinnen und Schüler kennen einige Merkmale des französischsprachigen Kulturraums sowie kulturelle Gemeinsamkeiten und Unterschiede.» Ein Blick in diesen Bereich der fremdsprachlichen Lehrpläne lohnt sich in jedem Fall.

Eine neue Sprache lernen heisst auch zum Teil neue Verhaltensnormen lernen.

Jugendliche aus anderen Kulturkreisen, aber auch mundartsprachliche Jugendliche müssen lernen, kulturelle Normen des Sprachverhaltens wahrzunehmen und einzuhalten. Dies bezieht sich nicht nur auf die Wortwahl, sondern auch auf den Tonfall und die nonverbale Kommunikation (Gestik und Mimik). Gerade im Zusammenhang mit der Suche nach einer Schnupperlehre sind Reflexionen über Normen des Sprachverhaltens sehr wichtig und ergiebig.

In *startklar* A2 werden Themen des Sprachverhaltens immer wieder aufgenommen, allerdings nicht vertieft. Dies muss je nach Gruppe angepasst werden, sodass sich die Jugendlichen mit den für sie angemessenen Aspekten des Sprachverhaltens auseinandersetzen können. Besonders bei den Bewerbungen für Schnupperlehren oder Lehrstellen sind Normen bei Vorstellungsgesprächen und in formellen Briefen vertieft zu behandeln.

4.1.3 Selbstständigkeit und strategisches Vorgehen

Einmal gelernt, können Selbstständigkeit und Lernstrategien in verschiedenen Sprachen genutzt werden.

Unter den Titeln «Personale Kompetenzen» und «Methodische Kompetenzen» werden im Lehrplan 21 die Aspekte *Selbstständigkeit* und *strategisches Vorgehen* thematisiert. Hierbei geht es darum, Probleme bei der sprachlichen Verständigung und beim Sprachenlernen selbstständig zu lösen. Beispielsweise müssen Lernende wissen, wie man bei Kommunikationsschwierigkeiten nachfragt, wie man am besten Wörter lernt oder wie man einen komplexen Text ‹knacken› kann. Es geht hier um Kompetenzen, die nicht an eine bestimmte Sprache gebunden sind und die in verschiedenen Sprachen eingesetzt werden können, wenn sie einmal aufgebaut sind.

Ein prioritäres Anliegen von *startklar* ist es, Selbstständigkeit, Lernstrategien und den Auf- und Ausbau von Bildungssprache Hand in Hand zu fördern. Aufgabenstellungen zum Hören und Lesen (Rezeption) sind so konzipiert, dass sie anspruchsvolle Sprachhandlungen erfordern. Dadurch, dass die Lernenden mehrere gleiche oder ähnliche Verstehensaufgaben lösen, erwerben sie implizit ein Repertoire von Strategien und können es mit der Zeit routinemässig auch in anderen Kontexten anwenden → **Kap. 5**. Ebenso werden durch die Aufgabenstellungen zum Sprechen und Schreiben (Produktion) sowohl der Auf- und Ausbau von Bildungssprache gefördert als auch implizit Lernstrategien vermittelt. Dies verhilft den Lernenden zu qualitativ besseren Sprachleistungen, als sie sie von sich aus realisieren können → **Kap. 6**.

Beim Einsatz von expliziten Lerntechniken ist es von Vorteil, wenn im Team eine Absprache stattfindet, sodass die Lernenden in jedem Unterricht die gleichen Techniken anwenden können. In *startklar* A2 werden folgende vier Lerntechniken angeboten:

 – Hören und mitlesen (Arbeitsheft, S. 8)

 – Auswendig lernen (Arbeitsheft, S. 13)

– Selbstständig Wörter lernen (Arbeitsheft, S. 25)

 – Einen Vortrag üben (Arbeitsheft, S. 28)

4.2 Erwerbssequenzen in einer Zweitsprache

Die Zielgruppe von *startklar* A2 lernt Deutsch zum einen im alltäglichen Kontakt mit anderen Menschen (= ungesteuerter Erwerb) und gleichzeitig mit einer planmässigen didaktischen Anleitung im Unterricht (= gesteuertes Lernen). Dies führt dazu, dass der Zweitspracherwerb viel schneller vorangeht, als wenn die Sprache ausschliesslich schulisch, das heisst als Fremdsprache mit 4 bis 5 Wochenstunden, gelernt wird. Und der Zweitspracherwerb ist qualitativ besser, als wenn die Sprache ausschliesslich im sozialen Kontakt und ohne didaktische Anleitung erworben wird und sich somit überwiegend auf die Alltagssprache beschränkt.

Aufgrund von breit angelegten Studien zum natürlichen Zweitspracherwerb von Migrantinnen und Migranten konnte festgestellt werden, dass beim Erwerb der Zweitsprache ähnliche Prinzipien wie beim Erwerb der Erstsprache zu beobachten sind. Der Erst- und Zweitspracherwerb gleichen sich dahingehend, dass in beiden Fällen bestimmte Entwicklungsstadien zu erkennen sind, die bei allen Lernenden ähnlich verlaufen. Allerdings manifestieren sich diese Entwicklungsstadien unterschiedlich: Der Erstspracherwerb entwickelt sich durch eine Ausweitung des Satzes, vom Einwortsatz zum Zweiwortsatz, von da zum Dreiwortsatz usw. Im Zweitspracherwerb haben die Lernenden bereits ein Konzept von Satz mit Subjekt und Prädikat in der Erstsprache entwickelt und lernen nun die neue Sprache über einfache ganze Sätze mit zunehmend komplexeren grammatikalischen Formen und Strukturen.

4.2.1 Die interimssprachliche Erwerbstheorie

In den frühen 1970er-Jahren wurde die Theorie der interimssprachlichen Entwicklung formuliert (Selinker 1972).[2] Gemäss dieser Theorie verläuft der Erwerb über Entwicklungsstufen, die sogenannten Interimssprachen. Das bedeutet, dass die Lernenden auf jeder Stufe eine eigene (provisorische) Sprache entwickeln, die durch mehr oder weniger grosse Abweichungen von den zielsprachlichen Normen geprägt ist. Dies hat seine Ursache vor allem darin, dass die neue Sprache gleichzeitig natürlich erworben bzw. schulisch gelernt *und* in realen Kommunikationssituationen gebraucht wird. Das Lernen bzw. Erwerben ist gleichsam ein Einsatz der Sprache im Ernstfall.

Damit die Kommunikation gelingt, nutzen die Lernenden alle ihnen zur Verfügung stehenden Möglichkeiten. Dazu gehört beispielsweise das Übergeneralisieren von bereits bekannten Formen oder Strukturen. Ein Lernender, der das Partizip II von regelmässigen Verben bilden kann, könnte zum Beispiel folgende Übergeneralisierung produzieren: «Ich habe geschreibt.*», aufgrund der folgenden Übergeneralisierung: *zeigen → gezeigt*, folglich *schreiben → geschreibt*. Ausserdem wird auf sprachliches Wissen in der Erstsprache oder in bereits gelernten Fremdsprachen zurückgegriffen. Entsprechende Fehler werden als Interferenzfehler bezeichnet. Es passiert eine ‹Einmischung› aus einer anderen Sprache (engl. *to interfere* = sich einmischen). Ein typischer Interferenzfehler von Französischsprechenden ist zum Beispiel «Heute ich habe ...» gemäss dem französischen Satzbau «Aujourd'hui j'ai ...».

Der Erwerbsprozess beruht dabei auf zwei grundlegenden Mechanismen: Elemente der Zielsprache (Wörter, grammatikalische Formen oder ganze Ausdrücke) werden von den Lernenden als kommunikativ relevant erkannt und überwiegend unbewusst memoriert. Dieser Mechanismus wird als Analyse von zielsprachlichen Strukturen bezeichnet. Beim Gebrauch der Zielsprache setzt der Mensch die analysierten Elemente wieder so zusammen, dass er seine Kommunikationsabsichten realisieren kann. Bei dieser Zusammensetzung (= Synthese) ergeben sich naturgemäss Normabweichungen. Der Lernende hat

---

[2] Larry Selinker: Interlanguage. In: International Review of Applied Linguistics in
Language Teaching (IRAL) 10 (1972), S. 209–232.

beispielsweise Sätze wie «Ich komme heute Nachmittag zu dir» und «Heute Nachmittag komme ich zu dir» gelernt, das heisst analysiert und memoriert. Durch Synthese produziert er dann wenig später «Morgen ich komme ich zu dir*».

Gemäss der Interlanguage-Theorie werden neu zu lernende Sprachen in mehr oder weniger geordneten Abfolgen von Stadien erworben. Selinker bezeichnete diese Stadien als Interlanguages (= Interimssprachen, auch Lernersprachen oder Zwischensprachen genannt). Demzufolge ist der Zweitspracherwerb kein linearer Prozess, bei dem neue Formen und Strukturen der Zielsprache zu dem vorhandenen sprachlichen Wissen und Können durch Erklärungen und Übungen einfach dazugelernt werden. Der Erwerbsprozess verläuft vielmehr über Entwicklungsstadien, die sich stufenweise der Zielsprache annähern. Auf jeder Stufe besitzen die Lernenden je eine eigene Interimssprache, die gemessen an der Zielsprache noch fehlerhaft und unvollständig ist. Für die Lernenden ist aber jede Interimssprache (IS) ein funktionierendes System, mit dem man sich verständigen kann und das zu verbessern ist (IS 1, IS 2, IS 3 ... IS n). Die sechs Erwerbsstufen im GER (= Gemeinsamer Europäischer Referenzrahmen für Sprachen) können als solche Interimssprachen bezeichnet werden, wobei der tatsächliche Erwerbsprozess nicht nur sechs, sondern unzählige Stufen durchläuft.

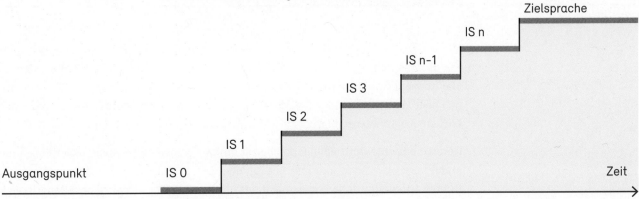

Das Ziel ist nicht, möglichst wenige Fehler zu produzieren, sondern zunehmend komplexere Texte zu formulieren.

Charakteristisch für Interimssprachen ist, dass jeder Lernzuwachs einen kreativen Lernprozess voraussetzt, bei dem die vorhandene Interimssprache umstrukturiert werden muss, damit ein neu erworbenes Element integriert werden kann. Jeder Lernzuwachs bedeutet damit auch eine Zunahme der sprachlichen Komplexität. Die nächsthöhere Interimssprache ist zwar komplexer, aber nicht unbedingt korrekter. In Bezug auf die Korrektheit kann sich ein vermeintlicher Rückschritt ergeben, es treten möglicherweise mehr Fehler auf.

Lernen Jugendliche zum Beispiel Hauptsatzstrukturen mit dem Subjekt an der dritten Stelle (Objekt – Verb – Subjekt), ist das keine Garantie dafür, dass sie die Drittstellung des Subjekts auch in komplexeren Sätzen realisieren können.

Beispiel eines Erwerbverlaufs in fünf Phasen:
1. *Ich komme heute zu dir.*
   (Subjekt – Verb – Zeitergänzung – Präpositionalergänzung)
2. *Heute ich komme zu dir.**
   (Zeitergänzung – Subjekt – Verb – Präpositionalergänzung → fehlerhafter Hauptsatz)
3. *Heute komme ich zu dir.*
   (Zeitergänzung – Verb – Subjekt – Präpositionalergänzung)
4. *Wenn ich Zeit habe, ich komme zu dir.**
   (Nebensatz – Subjekt – Verb – Präpositionalergänzung → fehlerhafter Satz)
5. *Wenn ich Zeit habe, komme ich zu dir.*
   (Nebensatz – Subjekt – Verb – Präpositionalergänzung)

Durch den Nebensatz wird die Satzstruktur komplexer. Was im einfachen Hauptsatz in Phase 3 richtig realisiert wird, kann in einer komplexeren Satzstruktur wieder fehlerhaft auftreten und muss durch Übungen wieder richtiggestellt werden.

Idealerweise lösen Zweitsprachlernende in Kommunikationssituationen zwei sprachliche Aufgaben: einerseits die Aufgabe, sich zu verständigen (= Kommunikationsaufgabe), andererseits die Aufgabe, ihre Interimssprache zu verbessern (= Lernaufgabe).

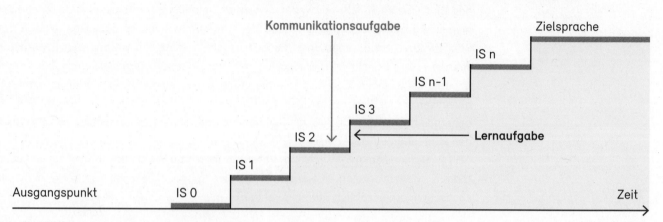

Mit der erreichten Interimssprache werden Kommunikationsaufgaben so gut bewältigt, wie es eben geht. Am Anfang stützt sich die Verständigung vor allem auf nichtsprachliche Kommunikationsmittel bzw. auf Sachverhalte aus der Situation. Später werden zunehmend mehr zielsprachliche Mittel eingesetzt. Auf jeder Stufe heisst es jedoch, das Wissen und Können so einzusetzen, dass Verständigung möglich wird.

Durch die Sprachverwendung, das heisst durch die Lösung der Kommunikationsaufgabe, stabilisieren Lernende ihre Interimssprache. Die bestehende Interimssprache wird vertrauter, geläufiger. Jede Kommunikationssituation bietet auch Möglichkeiten für ein Weiterlernen, für eine Weiterentwicklung der Interimssprache. Dabei richten sich die Lernenden nach ihren sprachlichen Vorbildern aus der Umgebung und integrieren zunehmend neue Elemente in ihre Interimssprache. Aus diesem Grund ist es wichtig, dass Lehrpersonen und Betreuende im Hort konsequent Hochdeutsch mit den Jugendlichen sprechen. Dadurch ermöglichen sie den Lernenden, die Lernaufgabe zu lösen, welche den Erwerbsprozess vorantreibt. Die Lösung der Lernaufgabe hat somit eine dynamische Funktion, die die Lernenden vor die Notwendigkeit stellt, benützte Formen und Strukturen zu korrigieren bzw. neue aufzunehmen und somit die bestehende Interimssprache zu reorganisieren.

Die Entwicklung von Interimssprachen kann als ein stetiges Anwenden und Umbauen bezeichnet werden. Die Lernenden müssen ihre Interimssprachen im Alltag und im schulischen Lernen anwenden und gleichzeitig so umstrukturieren, dass sie sich den zielsprachlichen Normen annähern. Dieser Prozess läuft in spontanen Kommunikationssituationen so lange automatisch und ungesteuert ab, bis die lernende Person ihre Kommunikationsbedürfnisse weitgehend befriedigen kann. Sobald sie alles verstehen und verständlich mitteilen kann, was sie möchte, wird die Lernaufgabe in den meisten Fällen nicht mehr von selbst wahrgenommen, das heisst, die Interimssprache entwickelt sich nicht mehr weiter, sie *fossiliert*.

4.2.2 Fossilierung von Interimssprachen

Fossilierte Interimssprachen sind ein normales Phänomen. Alle Menschen, die Fremdsprachen gelernt haben, verfügen über fossilierte Fremdsprachenkenntnisse, wenn sie nicht andauernd das Ziel verfolgen, sich zu verbessern. Bei erwachsenen Migrantinnen und Migranten ist das Phänomen häufig deutlich erkennbar. Obschon sie tagtäglich von korrektem Deutsch umgeben sind, produzieren sie gewisse Fehler weiterhin.

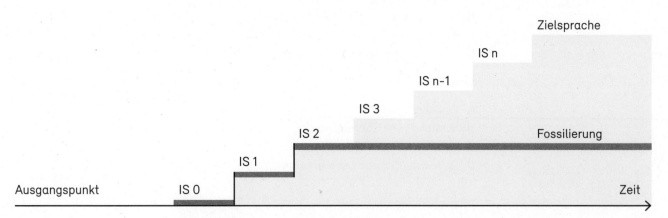

Problematisch werden fossilierte Deutschkenntnisse bei Kindern und Jugendlichen im Schulalter. Trotz mehrfachen Korrigierens und vieler Grammatikübungen scheinen die Lernenden keine Fortschritte zu machen. Die Fossilierung von Fehlern in der Interimssprache von Kindern und Jugendlichen wird oft damit erklärt, dass sie in der Peergroup und von ihren Eltern ein fehlerhaftes Deutsch hören. Diese Erklärung scheint jedoch zu kurz gegriffen. Insbesondere wäre zu fragen, warum viele andere Kinder die Zweitsprache altersgemäss erwerben, obwohl ihre Eltern in einer fossilierten Interimssprache sprechen.

Die Ursachen dafür sind sicher vielfältig. Entscheidend ist offenbar, dass Lernende mit fossilierter Interimssprache nicht mehr imstande sind, die Unterschiede zwischen ihrem Regelsystem und dem zielsprachlichen Regelsystem zu erkennen. Dies ist vor allem im Bereich der Nominalformen der Fall. Die Lernaufgabe in Bezug auf korrekte Nominalformen wird nicht erkannt, die Lernenden konzentrieren sich ausschliesslich auf die Kommunikationsaufgabe und geben sich damit zufrieden, dass diese gelingt. Ins Gespräch eingeflochtene Korrekturen der Lehrperson werden nicht bewusst wahrgenommen und haben somit auch kaum Wirkung.

In *startklar* wird der Gefahr der Fossilierung insbesondere mit Aufgaben zum reproduktiven Sprechen entgegengewirkt. Die Lernenden memorieren beim reproduktiven Sprechen ganze Phrasen (sogenannte Chunks), die im Gedächtnis als Klangbilder abgespeichert werden. Wenn Lernende die Formulierung *In meinem Vortrag möchte ich euch …* als Phrase memorieren, reduziert sich die Wahrscheinlichkeit, dass durch Synthese eine fehlerhafte Phrase wie zum Beispiel *In meine Vortrag ich möchte …** produziert wird. Voraussetzung dafür ist jedoch, dass von der Lehrperson eine absolut korrekte Reproduktion der gelernten Texte eingefordert wird. Durch Video- oder Tonaufnahmen können Fehler bewusst gemacht werden, durch mehrmaliges Sprechen der korrekten Form können fossilierte Fehler korrigiert werden. Das Korrekturverhalten bei mündlichen Fehlern sowie bei schriftlichen Fehlern wird unten detaillierter behandelt → Kap. 6.1.4   → Kap. 6.3.4 .

5 Förderung der rezeptiven Kompetenzen

Im Lehrplan 21 werden die rezeptiven Kompetenzbereiche *Hören* und *Lesen* unterteilt in:

Hören

A Grundfertigkeiten
B Verstehen in monologischen Hörsituationen
C Verstehen in dialogischen Hörsituationen
D Reflexion über das Hörverhalten

Lesen

A Grundfertigkeiten
B Verstehen von Sachtexten
C Verstehen literarischer Texte
D Reflexion über das Leseverhalten

In *startklar* werden diese zwei Kompetenzbereiche im Themenbuch vor allem auf den ersten zwei Doppelseiten jeder Einheit gezielt gefördert, jedoch nicht ausschliesslich dort. Auf den nachfolgenden Doppelseiten zum dialogischen bzw. monologischen Sprechen wird das Hör- und das Leseverstehen ebenfalls trainiert. Das geschieht ebenso beim Lesen eines Mustertextes vor dem Schreiben eines eigenen Textes wie beim Vorlesen von Texten der Lernenden oder beim Hören und Lesen von landeskundlichen Texten.

> Man versteht immer sehr viel mehr, als was man selbst produzieren kann.

Die Hör- und Lesetexte in *startklar* A2 sind bedeutend komplexer als die Texte, die die Lernenden selbst zu produzieren vermögen. In der Regel verstehen Menschen sowohl in der Erstsprache als auch in Fremdsprachen weit mehr, als sie selbst ausdrücken können. Auch ist es nicht unbedingt notwendig, alle Wörter in einem Text zu verstehen, um den Sinn des Textes zu entschlüsseln. Die in *startklar* A2 enthaltenen Hör- und Lesetexte spiegeln somit nicht die produktiven Kompetenzen der Lernenden, sondern die rezeptiven.

startklar A2 enthält sowohl Alltagstexte (Präsentation von Personen, Migrationsgeschichten, Biografien) als auch Fachtexte zu unterschiedlichen Themen. Es handelt sich dabei nicht um authentische Texte aus Lehrmitteln oder Zeitschriften. Ausgehend von Recherchen und Interviews mit Fachpersonen wurden für das Sprachniveau A2 passende Texte verfasst. Dadurch wird sichergestellt, dass die Texte keine überfordernden grammatikalischen Strukturen und nicht zu viele unbekannte Wörter und Formulierungen enthalten.

Für die Förderung des verstehenden Lesens oder Hörens ist es nicht zielführend, zur Vorbereitung alle für die Lernenden möglicherweise neuen Wörter eines Hör- oder Lesetextes zu klären. Diese Arbeit ist zeitraubend und wenig motivierend, denn die Lernenden setzen sich vor dem Lesen mit neuen Wörtern auseinander, deren Kontext sie nur annähernd nachvollziehen können. Sinnvoll ist hingegen eine Aktivierung von Verstehensstrategien, wie beispielsweise anhand des Titels den Inhalt des Textes zu erraten, anhand von verstandenen Satzteilen Verstehenslücken zu füllen oder einen Textteil mehrmals zu lesen, um die Zusammenhänge nach und nach zu erschliessen.

> Den Titel genau verstehen, ist eine der wichtigsten Verstehensstrategien.

Eine grundlegende Verstehensstrategie besteht darin, den Titel eines Textes und eventuell auch den Lead zu nutzen, um sich ein Bild vom Textinhalt zu machen. Der Titel und der Lead liefern in der Regel entscheidende Informationen, aufgrund deren man raten kann, was im Text stehen könnte. Im Titel befindet sich häufig auch mindestens ein Schlüsselbegriff, den man unbedingt verstehen muss, um den ganzen Textinhalt zu erfassen.

So enthält beispielsweise Einheit 2 einen Sachtext mit dem Titel «Der öffentliche Verkehr in der Stadt Zürich». Vor dem Lesen sollten die Lernenden also klären, was der Schlüsselbegriff *öffentlicher Verkehr* genau bedeutet. Dadurch werden wichtige Voraussetzungen für das Verständnis des Textes geschaffen. Die Klärung von Schlüsselbegriffen ist aber auch eine Sprachhandlung, die die Lernenden bei jedem Text ausführen und als effiziente Lesestrategie erfahren sollten. Die Wiederholung von gleichen Sprachhandlungen im Unterricht und die explizite Begründung, weshalb diese Sprachhandlung wichtig ist, führen mit der Zeit zu entsprechenden Routinen, die die Lernenden auch ohne Anweisung ausführen können.

Kontext-, Fach-, Welt- und Textsortenwissen helfen beim Verstehen, das vorhandene sprachliche Wissen optimal zu nutzen.

Aus Platzgründen sind in *startklar* A2 nicht bei allen Hör- und Lesetexten Aufgaben zur Klärung der Schlüsselbegriffe eingefügt worden. Die folgenden Kapitel enthalten deshalb unter anderem Hinweise dazu, wie entsprechende didaktische Schritte gestaltet werden können. Das Ziel ist dabei immer, dass die Lernenden vor dem Hören oder Lesen erraten können, was im Text steht. Dazu gehört auch, dass sie den Kontext erkennen und notwendiges Fach- oder Weltwissen sowie Textsortenwissen erwerben bzw. aktivieren, sodass sie die Textinhalte erfassen können, ohne jedes einzelne Wort genau zu verstehen.

Das Ziel ist immer, sowohl die Inhalte zu verstehen als auch Verstehensstrategien zu entwickeln.

Ziel des Textverstehens in *startklar* A2 ist – wie bereits betont – nicht ausschliesslich das Verstehen der vermittelten Inhalte. Beim Einsatz von Hör- und Lesetexten geht es gleichzeitig auch um die Entwicklung von Hör- und Leseverstehensstrategien, die beim weiteren Lernen genutzt werden können und aus denen sich schliesslich Routinen entwickeln, welche die Lernenden quasi automatisch einsetzen.

5.1 Hörverstehen

Beim Hören konzentriert sich der Mensch automatisch auf das Verstandene.

Während eines grossen Teils der Unterrichtszeit sind Lernende gefordert zuzuhören und zu verstehen. Das Zuhören in der Zweitsprache Deutsch fordert von Lernenden auf dem Niveau A2 besondere mentale Anstrengung. Viele Menschen kennen die Ermüdungserscheinungen nach einem Tag, an dem ausschliesslich eine Fremdsprache gehört und gesprochen wurde. Unbewusst setzen Menschen Hörverstehensstrategien ein, um Nichtverstandenes aus dem Kontext zu erschliessen. Man konzentriert sich dabei auf sogenannte Verstehensinseln und versucht laufend, die Zusammenhänge durch Raten und Verifizieren zu verstehen und so das Nichtverstandene zu kompensieren. Das Raten und Verifizieren ist eine der wichtigen Verstehensstrategien. Entscheidend ist dabei, dass der Kontext erschlossen ist und die wichtigsten Schlüsselbegriffe erklärt sind. Andernfalls gelingt Verstehen häufig nicht.

Ein Hörtext muss mehrmals und mit neuen Höraufgaben gehört werden.

In *startklar* wird das Hörverstehen auf der ersten Doppelseite jeder Themeneinheit gezielt gefördert. Wie bereits betont, wird das Hörverstehen auch in anderen Unterrichtssettings gefordert. Hörverstehen findet in fast jeder Unterrichtssequenz von *startklar* A2 statt, nur werden die Verstehensleistungen dabei nicht immer durch gezielte Aufgabenstellungen unterstützt. Mit dem Angebot auf der ersten Doppelseite jeder Einheit sollen die Lernenden anhand von längeren Texten das verstehende Hören bewusst üben und ihre Verstehensstrategien weiterentwickeln.

Verstehensleistungen müssen sichtbar gemacht werden.

Bei den Aufgabenstellungen auf der ersten Doppelseite jeder Themeneinheit geht es primär darum, dass die Lernenden die Hörtexte mit Höraufgaben bearbeiten, bei denen sie ihre Verstehensleistung auch sichtbar machen müssen – zum Beispiel durch Nummerieren einer Reihenfolge, durch Notieren von Stichwörtern, durch Markieren von Begriffen usw. Das mehrmalige Hören eines Textes hat für die Verstehenskompetenz eine stark fördernde Wirkung. In *startklar* A2 wird das wiederholte Hören jeweils durch einen weiteren Hörauftrag begleitet.

Die gezielte Förderung des Hörverstehens ist in *startklar* in fünf Schritte unterteilt: Vorentlastung, Inhaltserfassung, Inhaltsvertiefung, Inhaltserweiterung, Hörverstehen testen.

5.1.1 Vorentlastung

Die Vorentlastung ist ein wichtiger Motivationsfaktor für die Arbeit mit anspruchsvollen Hörtexten.

Die Vorentlastung ist das A und O für eine effiziente und erfolgreiche Arbeit mit Hörtexten. Mit der Vorentlastung erschliessen die Lernenden den Kontext und befassen sich mit der Textsorte, sie klären Schlüsselbegriffe und stimmen sich auf das Hören ein. Die Vorentlastungen sind somit ein entscheidender Motivationsfaktor für die Auseinandersetzung mit einem Hörtext.

Einheit	Seiten	Möglichkeiten der Vorentlastung
1	6 – 7	– Titel der Einheit und des Kapitels genau verstehen – Die Lernenden lösen Aufgabe 1, klären die Begriffe. – Reflexion: Wo trifft man solche Formulare (Arzt, Gemeinde, Sportclub …)? – Das Formular in Aufgabe 4 wird ausgefüllt. – Beim ersten Hören werden lediglich die Namen notiert. Wer es schafft, darf auch andere Angaben notieren.
2	18 – 19	– Titel der Einheit und des Kapitels genau verstehen – Reflexion: Wie wohnt ihr? Begriffe aus dem Schüttelkasten verwenden – Aufgabe 1 aufführen, evtl. zuerst vormachen – die Bedeutung der Begriffe aus dem Schüttelkasten bestätigen
3	30 – 31	– Titel der Einheit und des Kapitels genau verstehen – Bilder gemeinsam anschauen und darüber sprechen («Die zwei Jungs spielen Gitarre …») – Aufgabe 1 lösen. Wer es schafft, darf auch andere Angaben notieren.
4	42 – 43	– Titel der Einheit und des Kapitels genau verstehen – über eigene Hobbys sprechen – Begriffe in Aufgabe 1 den Bildern zuordnen und Aufgabe 1 lösen mit der Stichfrage: Was sagen die abgebildeten Jugendlichen wahrscheinlich über ihr Hobby?
5	54 – 55	– Titel der Einheit und des Kapitels genau verstehen – Bilder anschauen und raten lassen: Wer sind diese Personen? Welche Beziehungen haben sie untereinander? – Verwandtschaftsbegriffe sammeln – Aufgabe 1 wie angegeben bearbeiten
6	66 – 67	– Titel der Einheit und des Kapitels genau verstehen – den Begriff *Körper* genau erklären (Mensch/Tier, Geometrie, Physik) – Aufgabe 1 wie angegeben bearbeiten; evtl. einzelne Körperteile auf Englisch/Französisch übersetzen – Bilder anschauen und bekannte Begriffe grün markieren – Aufgabe 2 wie angegeben bearbeiten
7	78 – 79	– Titel der Einheit und des Kapitels genau verstehen – Bild anschauen und darüber sprechen: Wer hat zu Hause einen Garten? Wer hat einen Schrebergarten? Was wächst dort? Was esst ihr gerne, was nicht? – Aufgabe 1 auch in Gruppen lösen lassen
8	90 – 91	– Titel der Einheit und des Kapitels genau verstehen – über Berufe und Berufswünsche sprechen – raten, welchen Beruf Elisa gewählt hat – Hörstrategie «sich auf das Verstandene konzentrieren» erklären – Aufgabe 1 wie angegeben lösen
9	102 – 103	– Titel der Einheit und des Kapitels genau verstehen – über News sprechen – Titel zum Text in Aufgabe 1 genau verstehen. Lead lesen und Schlüsselwort *Hauptinformationsquellen* klären. Den Begriff *Quelle* genau verstehen (Wasserstelle / Ursprung einer Information). – Textsorte *Interview* klären – Aufgabe 2 wie angegeben lösen
10	114 – 115	– Titel der Einheit und des Kapitels genau verstehen – den Begriff *Veranstaltung* genau klären (*veranstalten* = organisieren und durchführen von Anlässen) – über besuchte Veranstaltungen sprechen – Bilder anschauen: Wer war schon mal an einem/einer …? – Aufgabe 1 wie angegeben lösen

5.1.2 Inhaltserfassung

Texte mehrfach zu hören, wirkt lernfördernd.

Für das Verstehen der Inhalte werden Aufgaben für das gezielte (= selektive), das globale und das detaillierte Hörverstehen vorgegeben. In der Regel werden Aufgaben für das gezielte Verstehen, die von allen Lernenden leicht zu lösen sind, zuerst angeboten. Ein erster möglicher Hörerfolg ist somit ein weiterer Motivationsfaktor, um den Hörtext anschliessend mit einer neuen, gezielten oder globalen, Höraufgabe nochmals zu hören. Die Hörtexte in *startklar* A2 müssen in der Regel mehrmals oder in Teilen gehört werden, damit sich ein globales Verstehen einstellt.

Beim wiederholten Abspielen von Hörtexten wird auch das Lernen von Formulierungen übers Ohr unterstützt. Aus diesem Grund ist es empfehlenswert, die Hörtexte aus *startklar* A2 von der Webplattform herunterzuladen und auf das Handy oder auf einen Tonträger zu laden, damit die Texte auch ausserhalb des Unterrichts angehört werden können. Jugendliche mit einem Smartphone und Zugang zum Internet können die Audiofiles direkt via Webplattform von *startklar* A2 hören.

5.1.3 Inhaltsvertiefung

Detailliertes Hörverstehen bezieht sich immer auf kurze Hörtexte oder Ausschnitte.

Ein detailliertes Hörverstehen sollte sich auf Schlüsselsätze oder kurze Hörtexte konzentrieren. Zum Teil sind detaillierte Höraufträge im Arbeitsheft zu finden. Für ein detailliertes Hörverstehen können die Hörtexte auch von der Webplattform heruntergeladen und ausgedruckt werden → **Kap. 1.2**. Aus den zur Verfügung gestellten PDF-Dateien können die Hörtexte auch herauskopiert, in ein Word-Dokument eingefügt und bearbeitet werden, zum Beispiel mit einer grösseren Schrift zum Hören und Mitlesen, für einen Lückentext oder eine Übung zum Ordnen von Textteilen usw.

5.1.4 Inhaltserweiterung

Die Hörtexte sind in der Regel als Einstieg in das Thema der Einheit gedacht. Die nachfolgenden Inhalte bieten somit eine Inhaltserweiterung. In *startklar* A2 werden aber auch Hörtexte angeboten, die sich beispielsweise für den Einsatz in den Fachbereichen Natur und Technik (NT), Wirtschaft, Arbeit, Haushalt (WAH) oder bei der Berufswahl eignen. Die Hörtexte können somit auch in den entsprechenden Fachbereichen als Einstieg in ein bestimmtes Thema genutzt werden.

5.1.5 Hörverstehen testen

Die Tests in *startklar* A2 beginnen immer mit Hörverstehensaufgaben. Dadurch können diese Aufgaben zu Beginn eines Tests von der ganzen Gruppe oder Klasse gelöst werden. Die anschliessenden Testaufgaben zum Leseverstehen, dialogischen Sprechen usw. können dann in individuellem Tempo weiterbearbeitet werden.

Die Hörtexte in den Tests lehnen sich stark an die im Themenbuch bearbeiteten Texte an. Dadurch soll getestet werden, ob die Lernenden die vorgängig bearbeiteten Inhalte aus *startklar* A2 tatsächlich verstanden haben. Dies bedeutet, dass es sich hier um formative Tests handelt. Eine Vorentlastung ist aus diesem Grund nicht notwendig. Ebenso werden keine verstehensunterstützenden Aufgaben erteilt, sondern lediglich solche, die das gezielte oder globale Verstehen überprüfen.

Die starke Anlehnung an die Hörtexte im Themenbuch soll die Lernenden auch anregen, die Hörtexte vertieft zu bearbeiten. So können sie beim Test ein gutes Resultat erreichen und ihren Lernerfolg bewusst wahrnehmen.

II

5.2 Leseverstehen

Analog zum Hörverstehen wird auch das Leseverstehen nicht ausschliesslich auf den Doppelseiten mit Lesetexten gefördert. Wenn ausgedruckte Hörtexte, Vortragstexte oder Texte aus den Landeskundeseiten gelesen werden, findet ebenfalls Leseverstehen statt. Der Unterschied besteht darin, dass auf den Doppelseiten zum Leseverstehen spezifische Aufgaben zum gezielten, globalen oder detaillierten Lesen vorgegeben sind, die das Verstehen der Textinhalte unterstützen.

Mit der Lerntechnik «Hören und mitlesen» kann eine hinreichende Leseflüssigkeit trainiert werden, die für die spätere Arbeit mit Lesetexten notwendig ist.

Da viele Lernende mit der Leseflüssigkeit noch Mühe haben, werden sämtliche Lesetexte auch als Audiofiles angeboten. Durch das gleichzeitige Hören, Mitsprechen und Lesen, bei dem die Lernenden den Textzeilen mit dem Finger folgen sollen, werden Klang- und Wortbilder gleichzeitig memoriert, was das Wiedererkennen von Wörtern (Sichtwortschatz) und von Wortgruppen sowie das korrekte Aussprechen des Gelesenen ermöglicht. Zu diesem Zweck wird im Arbeitsheft auf Seite 8 die (bereits in *startklar* A1 eingeführte) Lerntechnik «Hören und mitlesen» angeboten. Es lohnt sich, diese Technik sorgfältig einzuführen und den Lernenden zu erklären, weshalb sie wichtig ist.

Das mehrmalige Hören und Mitlesen eines Textes fördert die Leseflüssigkeit.

Bei leseschwachen Lernenden ist es angezeigt, einen kurzen Text oder Textteil mehrfach zu hören und laut mitzulesen. Leseflüssigkeit kann so gezielt gefördert werden, denn ohne eine gewisse Lesegeschwindigkeit wird das Verstehen eines Textes beeinträchtigt.

Schmale Spalten eines Lesetextes sind lesefreundlicher als breite.

Sämtliche Lesetexte stehen der Lehrperson als PDF-Dokumente zur Verfügung. So können die Lesetexte für die sehr leseschwachen Lernenden auch in ein Word-Dokument kopiert und in einer grösseren Schrift ausgedruckt werden. Zu beachten ist dabei, dass nicht nur die Schriftgrösse, sondern auch die Zeilenbreite den Lesefluss beeinträchtigen kann. Ein Text mit einer Spaltenbreite von 5 Zentimetern ist wesentlich leichter zu lesen als ein Text, dessen Zeilen sich über eine ganze A4-Seite hinziehen. Auch aus diesem Grund sind Zeitungen in engen Spalten gedruckt. Texte auf Arbeitsblättern sollten auf keinen Fall breiter als rund 11 Zentimeter sein. Leseerleichternd wirken auch ein grösserer Zeilenabstand sowie Serifenschriften.

Die gezielte Förderung des Leseverstehens ist in *startklar* in fünf Schritte unterteilt.

5.2.1 Vorentlastung

Die Vorentlastung ist der erste unabdingbare Schritt für das Verstehen von Lesetexten.

Wie beim Hörverstehen ist auch beim Lesen von Texten die Vorentlastung eine wesentliche Voraussetzung, damit die Lernenden allererst motiviert sind, die Texte zu lesen. Durch die Vorentlastung werden die Lernenden neugierig auf die Inhalte. Dies geschieht in *startklar* A2 in der Regel anhand des Titels. Es werden Vermutungen aufgestellt, was wohl im Text stehen könnte. Durch das anschliessende Lesen verifizieren die Lernenden, inwiefern die Hypothesen zum Textinhalt auch zutreffend waren.

Die Vorentlastung dient zweitens auch dazu, die Voraussetzungen zu schaffen, damit ein anspruchsvoller Text verstanden werden kann. Insbesondere müssen der Kontext, Schlüsselbegriffe und die Textsorte geklärt sein. Zudem muss das notwendige Fach- bzw. Weltwissen, das es zum Verständnis des Textes braucht, gesichert werden.

Bei Vorentlastungen müssen sich die Lernenden immer bewusst sein, dass sich die Aufgaben auf den zu lesenden Text beziehen. Der Bezug zwischen Aktivität und Text muss klar sein. Nicht nur aus diesem Grund ist die Auseinandersetzung mit dem Titel des Textes wichtig. Dadurch, dass beim Lesen von Texten in *startklar* A2 die erste Lesehandlung die Klärung des Titels ist und daraufhin Hypothesen über den Inhalt formuliert werden, entwickelt sich eine grundlegende Lesestrategie, die von geübten Lesenden quasi automatisch in Bruchteilen von Sekunden ausgeführt wird. Aufgrund des Titels macht man sich ein Bild von den Textinhalten. Diese Vorannahmen wirken sich auf das Vorgehen beim Lesen aus. Je nachdem werden unterschiedliche Leseziele verfolgt.

In Regelklassen können die in *startklar* A2 vorgeschlagenen Vorentlastungen auch in Gruppen angegangen werden. Während die einen sich mit dem Titel auseinandersetzen, klären die anderen Schlüsselbegriffe, wieder andere suchen Hintergrundinformationen. Die erarbeiteten Resultate werden dann der Klasse präsentiert. Diese Arbeitsphase der Vorentlastung sollte jedoch nicht zu lange dauern, damit der Bezug zum Text nicht verloren geht.

Einheit	Seiten	Möglichkeiten der Vorentlastung
1	8–9	– Titel des Kapitels genau verstehen – Die Lernenden reflektieren, was geschieht, wenn Gleichaltrige mit der Familie auswandern (die eigenen Sachen packen, Freunde und Freundinnen verlassen, eine neue Sprache lernen, neue Freunde und Freundinnen finden usw.), und wie sich Gleichaltrige wohl fühlen, wenn sie in ein neues Land und eine neue Schule eintreten. – Stichwörter werden gesammelt. – Der jeweils erste Abschnitt aus den zwei Texten wird gelesen und verglichen; Gemeinsamkeiten und Unterschiede werden festgehalten.
2	20–21	– Titel des Kapitels genau verstehen – den Schlüsselbegriff *Verkehrsmittel* klären, Bilder dazu suchen und in private und öffentliche Verkehrsmittel einteilen – raten, welche Informationen im Text wohl vorkommen; Hypothesen festhalten und nach dem Lesen verifizieren
3	32–33	– Titel des Kapitels und des Textes genau verstehen – Die Aufgaben im Arbeitsheft auf Seite 32–33 dienen als Vorentlastung.
4	44–45	– Titel des Kapitels und des Textes genau verstehen – Die Aufgaben 1 und 2 dienen als Vorentlastung.
5	56–57	– Titel des Kapitels genau verstehen – die Begriffe *Familienleben* und *früher* klären – über das Familienleben früher sprechen: Wie lebten die Grosseltern? Wo arbeiteten sie? Wie sah ihr Wohnhaus aus? usw. → **Kap. 6.1.3**
6	68–69	– Titel des Kapitels und des Textes genau verstehen – mündlich raten, worum es in den Texten gehen könnte – die Begriffe *Stress*, *gestresst* und *stressig* klären
7	80–81	– Titel des Kapitels und des Textes genau verstehen – den Begriff *Landwirtschaft* genau klären – Produkte aus der Landwirtschaft sammeln und in pflanzliche und tierische Produkte einordnen – Bilder anschauen und mündlich raten, worum es in den Texten gehen könnte
8	92–93	– Titel des Kapitels genau verstehen – Textsorte *Berufsbeschreibungen* klären und authentische Berufsbeschreibungen zeigen – den Begriff *Anforderungen* genau klären und die Aufgaben im Arbeitsheft auf Seite 92 lösen
9	104–105	– Titel des Kapitels genau verstehen – über Geschehenes anhand der Fragewörter *wer?*, *wann?*, *wo?* sprechen – das Schlüsselwort *Lehrabgängerinnen und -abgänger* genau verstehen
10	116–117	– Titel des Kapitels und des Textes genau verstehen – die Schlüsselbegriffe *planlos*, *improvisieren* und *Bühne* genau verstehen

5.2.2 Inhaltserfassung

Nachdem die Lernenden den Kontext geklärt und zudem die Textsorte erkannt haben, sind sie dafür gerüstet, sich den Inhalt des Textes selbstständig lesend zu erschliessen.

Hier kommen wiederum Lesestrategien zum Einsatz. Die erste ist, den Text vorerst als Ganzes zu überblicken, einmal zügig durchzulesen und sich dabei auf das zu konzentrieren, was verstanden wird. Aus diesem Grund steht in den Leseaufträgen in *startklar* A2 jeweils in der Aufgabe «Konzentrier dich auf das, was du verstehst». Damit wird die gleiche Strategie wie beim Hörverstehen eingesetzt, nämlich ausgehend von den Verstehensinseln auch die Inhalte der nicht oder nur annähernd verstandenen Textteile zu erahnen.

> Beim Lesen eines Textes geht es vorerst darum, sich auf Verstehensinseln zu konzentrieren und ausgehend davon Nichtverstandenes zu überbrücken.

5.2.3 Inhaltsvertiefung

Erst nach dem globalen Verstehen des Textes folgen die Aufträge für ein vertieftes Verständnis einzelner Textteile. Dabei kann es sich um Schlüsselstellen oder -sätze handeln, die zu weiteren Diskussionen oder einer Vertiefung des Themas führen sollen. Je nach Leseziel kann es auch genügen, dass ein Lesetext global verstanden wird. Ein wichtiger Grundsatz ist, dass Lesetexte in *startklar* A2 nicht als Quelle für eine akribische Wortschatzarbeit genutzt werden. Im Vordergrund steht – ausser bei Schlüsselstellen – das globale Verstehen ausgehend von bereits Verstandenem und nicht die Fokussierung auf ‹flächendeckende› Wortschatzarbeit.

5.2.4 Inhaltserweiterung

Eine Erweiterung zu den behandelten Themen ist zum Beispiel durch aktuelle Texte aus verschiedenen Medien möglich. Vor allem beim modularen Einsatz in einer Regelklasse ist das Beiziehen von weiterführenden Texten angezeigt. Insbesondere mit lesestarken Lernenden, welche die Aufgaben im Themenbuch und im Arbeitsheft schneller als der Rest der Klasse bearbeiten, ist der Einsatz von zusätzlichen Texten sinnvoll. Für die Lesemotivation ist das Erteilen von kommunikativ sinnvollen Leseaufträgen wichtig. So kann eine starke Leserin den Auftrag erhalten, den zusätzlichen Text für diejenigen Lernenden, die mit den Aufträgen aus *startklar* A2 fertig sind, mündlich zusammenzufassen.

5.2.5 Leseverstehen testen

In den Tests von *startklar* A2 folgen nach den Hörverstehensaufgaben, die von der ganzen Gruppe oder Klasse gleichzeitig bearbeitet werden, Aufgaben zur Überprüfung des Leseverstehens. Dabei handelt es sich entweder um einen Paralleltext zum Lesetext im Themenbuch oder um Zuordnungsaufgaben und Lückentexte. In beiden Fällen wird getestet, ob die Lernenden die Texte aus dem Themenbuch gut bearbeitet und global verstanden haben. Die Lernenden sollen vor dem Test darüber informiert werden, dass sich die Aufgaben immer an den bearbeiteten Inhalten orientieren.

6 Förderung der produktiven Kompetenzen

Im Lehrplan 21 werden die produktiven Kompetenzbereiche *Sprechen* und *Schreiben* wie folgt unterteilt:

Sprechen

A Grundfertigkeiten
B Monologisches Sprechen
C Dialogisches Sprechen
D Reflexion über das Sprech-, Präsentations- und Gesprächsverhalten

Schreiben

A Grundfertigkeiten
B Schreibprodukte
C Schreibprozess: Ideen finden und planen
D Schreibprozess: formulieren
E Schreibprozess: inhaltlich überarbeiten
F Schreibprozess: sprachformal überarbeiten
G Reflexion über den Schreibprozess und eigene Schreibprodukte

Im Themenbuch von *startklar* werden diese zwei Kompetenzbereiche in jeder Einheit auf den entsprechenden Doppelseiten zum dialogischen Sprechen, zum monologischen Sprechen und zum Schreiben gefördert. Allerdings bedeutet das nicht, dass auf den Doppelseiten zum Hörverstehen, zum Leseverstehen und zur Landeskunde sowie in den dazugehörigen Übungen im Arbeitsheft nicht oder nur wenig gesprochen bzw. geschrieben wird. Im Gegenteil: Sprechen und zum Teil auch Schreiben sind Sprachhandlungen, die in allen Unterrichtssituationen vorkommen und die für die sprachliche Verarbeitung des Lernstoffs wesentlich sind. Der Unterschied besteht darin, dass auf den Doppelseiten zum dialogischen und monologischen Sprechen bzw. zum Schreiben die dazu notwendigen Kompetenzen gezielt und intensiv gefördert werden. Aus diesem Grund ist es auch möglich, bei einem modularen Einsatz von *startklar* zum Beispiel ausschliesslich die Doppelseiten zum Schreiben aus jeder Einheit zu bearbeiten → **Kap. 3.1**.

In *startklar* steht das dialogische Sprechen innerhalb des Kompetenzbereichs *Sprechen* vor dem monologischen Sprechen – dies im Unterschied zum Lehrplan 21, wo das monologische Sprechen vor dem dialogischen Sprechen aufgeführt ist. In *startklar* werden mit dem dialogischen Sprechen alltagssprachliche Formulierungen in themenbezogenen Dialogen eingeübt, was im Lehrplan 21 mit folgender Kompetenzbeschreibung für den Zyklus 1 umrissen wird:

> «D.3.C.1.c – Die Schülerinnen und Schüler können einfache Alltagsgespräche selbstständig führen und Medien nutzen, um bestehende Kontakte zu pflegen (z.B. Telefongespräch mit Bekannten).»[3]

Mit den Dialogen von *startklar* A2, die von den Lernenden auswendig vorgespielt werden, erhalten insbesondere Jugendliche, die erst seit rund einem Jahr Deutsch lernen, die Gelegenheit, ihre dialogischen Sprechkompetenzen weiter auszubauen und die für die Alltagskommunikation notwendige Selbstsicherheit aufzubauen. Somit können die im Lehrplan 21 vorgesehenen Grundfertigkeiten trainiert werden, insbesondere in Hinblick auf die folgenden zwei Kompetenzbeschreibungen:

---

[3] *Lehrplan für die Volksschule des Kantons Zürich auf der Grundlage des Lehrplans 21*, vom Bildungsrat des Kantons Zürich am 13. März 2017 erlassen.

«D.3.A.3.e – Die Schülerinnen und Schüler ...
– können Standardsprache flüssig sprechen, wobei diese mundartlich und erstsprachlich gefärbt sein darf.
– können das Zusammenspiel von Verbalem, Nonverbalem und Paraverbalem zielorientiert einsetzen (z.B. Vorstellungsgespräch).»

Das monologische Sprechen wird in *startklar* A2 ausgehend von vorgegebenen Sachtexten und mit selbst gestalteten Präsentationsfolien in Form von Vorträgen trainiert. Dadurch werden die Lernenden vor allem auf folgende zwei Kompetenzbeschreibungen vorbereitet:

«D.3.B.3.i – Die Schülerinnen und Schüler ...
– können sich in der Standardsprache gewandt und sicher ausdrücken, wobei nur selten störende Fehlleistungen auftreten.
– können eine Präsentation mit geeigneten sprachlichen Mitteln (z.B. rhetorische Frage, Wiederholungen, Stimme) und angemessenem Medieneinsatz gestalten.»

Da die Sachtexte vorgegeben sind, sind die Lernenden von der Recherche von Sachinhalten entlastet. Sie können sich dadurch ganz auf das sprachliche Lernen, das Gestalten der Folien mit den entsprechenden Stichwörtern und passenden Bildern sowie auf das Einüben des Vortrags konzentrieren.

Im Kompetenzbereich *Schreiben* differenziert der Lehrplan 21 den Schreibprozess in vier Teilbereiche:

– Ideen finden und planen,
– formulieren,
– inhaltlich überarbeiten,
– sprachformal überarbeiten.

startklar bietet eine starke Unterstützung in Bezug auf das Formulieren von Texten und legt somit einen Schwerpunkt bei folgender Kompetenzbeschreibung:

«D.4.D.3.e – Die Schülerinnen und Schüler können vorgegebene Wörter als Formulierungshilfen nutzen und so ihren produktiven Wortschatz erweitern.»

Mit stark strukturierten Aufgaben werden die Arbeit an den Grundfertigkeiten, der Aufbau von Wissen über verschiedene Schreibprodukte, die Überarbeitung von Texten sowie die Reflexion über Schreibprozesse und -produkte begleitet.

Strukturierte Aufgaben ermöglichen bessere Sprachleistungen, was das Selbstvertrauen stärkt.

Wie in *startklar* A1 kommen also auch in *startklar* A2 vor allem Sprech- und Schreibaufgaben vor, bei denen die Lernenden mit strukturierten Aufgabenstellungen arbeiten. Diese bieten ein sogenanntes Scaffolding, mit dem die Lernenden ihre sprachliche Produktion gestalten können. Das Ziel dabei ist es, die Lernenden zu sprachlichen Leistungen zu verhelfen, die über ihrer momentanen Sprech- bzw. Schreibkompetenz liegen. Dies führt nicht nur zu einem Ausbau der sprachlichen Kompetenzen, sondern stärkt auch das Selbstbewusstsein und die Lernmotivation.

Die Aufgabentypen in *startklar* A2 können wie in *startklar* A1 den folgenden drei Kategorien zugeordnet werden:

1. reproduktive Sprech- oder Schreibaufgaben, bei denen es vor allem um die Korrektheit des Ausdrucks geht,
2. gelenkte Sprech- oder Schreibaufgaben, bei denen es um den Aufbau der sprachlichen und textuellen Kompetenzen geht,
3. freie Sprech- oder Schreibaufgaben, die im Unterricht laufend vorkommen, jedoch in *startklar* nicht explizit angeleitet werden.

Im Folgenden werden die drei Aufgabentypen sowie deren didaktischen Umsetzungsmöglichkeiten anhand von Beispielen aus dem Lehrmittel genauer beschrieben.

6.1 Sprechen

Sprechend eignen sich Menschen Formulierungen an. Ausserdem entwickeln sie sprechend (und hörend) auch das, was als Sprachgefühl bezeichnet werden kann, nämlich die Kompetenz zu entscheiden, ob eine Form oder Struktur grammatikalisch korrekt ist oder nicht oder ob ein Ausdruck passend ist oder nicht. Das Sprechen kann in mehrere Teilkompetenzen gegliedert werden. Diese werden in *startklar* A2 gezielt aufgebaut.

6.1.1 Reproduktives Sprechen

Mit reproduktiven Sprechaufgaben entwickeln sich sprachliche Korrektheit und Geläufigkeit.

Reproduktive Sprechaufgaben fördern in erster Linie die Korrektheit des mündlichen Ausdrucks. Aufgaben wie zum Beispiel das Auswendiglernen von Dialogen, Vortragstexten oder Grammatikübungen haben die Funktion, möglichen Fossilierungen von interimssprachlichen Fehlern vorzubeugen → **Kap. 4.2**. Wenn Lernende zum Beispiel den Satz «In meinem Vortrag stelle ich euch ... vor» auswendig sprechen gelernt haben, ist die Wahrscheinlichkeit sehr klein, dass sie in einem späteren frei gesprochenen Vortrag interimssprachliche Fehler wie zum Beispiel «In meine Vortrag ich vorstelle euch*» produzieren. Reproduktive Sprechübungen sind somit vorbeugende Korrekturmassnahmen gegen mögliche interimssprachliche Fehler auch in schriftlichen Texten. Dadurch, dass die Lernenden ganze Sätze auswendig sprechen können, entwickeln sie korrekte Sprechroutinen für Satzteile und grammatikalische Formen, die sie in anderen Kontexten wieder abrufen können. Mündlich korrekt memorierte grammatikalische Formen und Strukturen können somit auch beim Schreiben korrekt wiedergegeben werden. Beim obigen Beispiel ist die Wahrscheinlichkeit gross, dass die Lernenden einen Satz wie zum Beispiel «In meinem Porträt stelle ich ... vor» vielleicht mit Rechtschreibfehlern, aber doch grammatikalisch korrekt schreiben können.

Reproduktive Sprechaufgaben fördern auch die Geläufigkeit im Sprechen. Die auswendig gelernten Satzteile und grammatikalischen Formen werden als Klangbilder abgespeichert und können deshalb wie eine Melodie abgerufen werden. Für junge Lernende ist dies eine natürliche und deshalb auch sehr effiziente Form des Spracherwerbs, die es didaktisch zu nutzen gilt.

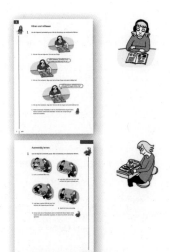

Eine ganz einfache Form des reproduktiven Sprechens findet beim lauten Mitlesen statt. Die Lernenden hören einen Text (ab Audiofile oder von der Lehrperson vorgelesen) und lesen ihn laut mit. Dadurch wird einerseits die Geläufigkeit im Lesen und im Sprechen trainiert. Andererseits werden aber auch die Wortbilder zusammen mit den korrekten Klangbildern memoriert, was sich auch auf die Rechtschreibung positiv auswirkt. In Einheit 1 wird die entsprechende Lerntechnik aus *startklar* A1 angeboten (Arbeitsheft, S. 8).

Für das Auswendiglernen wird in der ersten Einheit ebenfalls eine Lerntechnik aus *startklar* A1 angeboten (Arbeitsheft, S. 13). Bei Aufgaben, die den Einsatz der entsprechenden Lerntechnik verlangen, wird mit dem entsprechenden Signet auf die Lerntechnik verwiesen.

Die Lerntechniken aus *startklar* A1 sind effiziente Unterstützungen für den Spracherwerb, auch auf der Erwerbsstufe A2.

Falls diese zwei Lerntechniken aus *startklar* A1 für die Lernenden neu sind, lohnen sich eine sorgfältige Einführung und mehrfache Wiederholungen im Unterricht, damit die Techniken mit der Zeit selbstständig genutzt werden können. Die Lernenden sollen auch wissen, dass dies effiziente Lerntechniken sind, mit denen das Sprechen und das Lesen trainiert werden.

Dialoge sind eine ideale Textsorte für das Training des reproduktiven Sprechens. Nachdem ein Dialog mehrmals gehört und die Begriffe geklärt wurden, lesen die Lernenden den Dialog mit verteilten Rollen vor. Hier gilt es für die Lehrperson, sehr genau auf die grammatikalischen Formen zu achten und eventuell falsch gelesene Wörter sofort zu korrigieren. In dieser Phase können auch Tonaufnahmen gemacht werden, damit die Lernenden sich selbst hören und ihre Aufnahme mit dem Audiofile vergleichen können. Nach diesen Sprechproben können die meisten Jugendlichen den Dialog schon fast auswendig sprechen. Nun gilt es, den Dialog theatralisch vorzuspielen, wobei auch hier Ton- oder Videoaufnahmen gemacht werden können.

Diese akribische Arbeit an der Korrektheit im Sprechen ist aufwendig, aber notwendig. Ohne sie schleifen sich interimssprachliche Fehler ein, die später kaum mehr zu korrigieren sind. Aus diesem Grund ist es sinnvoll, wenn die Lernenden einen Dialog pro Einheit zu zweit sehr gut vorspielen lernen, während sie die anderen Dialoge nur verstehen lernen.

Auch geschriebene Grammatikübungen sollten nach der Korrektur mehrfach korrekt gesprochen werden, auch wenn dies im Arbeitsheft nicht immer verlangt wird. Grammatikübungen erfüllen ihre Funktion erst, wenn die Formen und Strukturen als Klangbilder abgespeichert werden. In der Fremdsprachendidaktik ist das Phänomen bekannt, dass schriftlich geübte Grammatikformen wenig später in frei gesprochenen oder geschriebenen Texten wieder falsch produziert werden. Vor allem ist dieses Problem bei den Nominalformen zu beobachten: Zum Beispiel können die Pronomen *sein* und *ihr* ausführlich erklärt und schriftlich geübt werden – wenig später benützen die Lernenden trotzdem *sein* als weibliches Pronomen (z.B. *mit der Mutter und seinem Kind**). Die Regel ist zwar bekannt, sie kann aber nicht in die bestehende Interimssprache transferiert werden. In solchen Fällen hilft vor allem intensives reproduktives Sprechen. Die Lernenden müssen die Nominalphrase *mit der Mutter und ihrem Kind* und entsprechende Variationen wie *mit der Lehrerin und ihrer Klasse* so oft laut sprechen, dass die Phrasen zu korrekten Sprechroutinen werden und sich als Klangbilder abspeichern. Die Lernenden haben so die Möglichkeit, verschiedene weibliche Nomina verbunden mit dem Pronomen *ihr* gleichsam als Kollokation zu memorieren.

Die Sachtexte, die in *startklar* A2 im Bereich des monologischen Sprechens angeboten werden, müssen die Lernenden nach der Bearbeitung fast auswendig vortragen können. Dazu wird in Einheit 2 eine Lerntechnik angeboten (Arbeitsheft, S. 28).

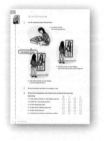

Das Überprüfen, ob die vortragende Person keine Fehler spricht, wird den Zuhörenden übertragen. Hier wird von den Zuhörenden ebenfalls ein Hören und Mitlesen verlangt. Im fünften Rückmeldungspunkt müssen sie beurteilen, ob der Text korrekt gesprochen wurde. Dies verlangt von den Zuhörenden ein genaues Lesen und Hören und schult somit die Aufmerksamkeit auf die grammatikalischen Formen.

6.1.2 Gelenktes Sprechen

Gelenkte Sprechaufgaben bieten den Lernenden sämtliche sprachlichen und strukturellen Elemente, um selbstständig korrekte Sätze oder einen Text zu formulieren.

Die stärkste Form der Unterstützung besteht aus einem Mustertext, den die Lernenden durch Ersetzen von Wörtern, Satzteilen oder ganzen Sätzen zu einem eigenen Text umwandeln. In *startklar* A2 findet das vor allem beim Variieren eines Dialogs statt. Die Aufgabenstellung muss aber sorgfältig eingeführt werden, am besten anhand eines sogenannten Modelling. Dabei erklärt die Lehrperson die Aufgabenstellung, indem sie diese zusammen mit den Lernenden und visualisiert am Beamer ausführt → **Kap. 6.3.2**.

Im Bereich der Grammatikübungen findet eine starke Lenkung in den sogenannten Wechselspielen statt. Zu zweit tauschen die Lernenden Informationen zu einem bestimmten Thema aus, wobei ihnen Mustersätze und die benötigten Satzteile zur Verfügung stehen. Auch hier lohnt sich am Anfang eine sorgfältige Einführung, falls für die Lernenden diese Wechselspiele neu sind.

Eine schwächere Lenkung enthalten die Übungen, bei denen die Inhalte von den Lernenden selbst gewählt werden. Bei solchen Aufgaben werden die Übungssätze in Sprechblasen vorgegeben. Die Inhalte werden dann von den Sprechenden selbst gewählt. Es lohnt sich, bei der Einführung dieser Übungsform die Lernenden aufzufordern, sich einige Informationen schriftlich zu notieren oder im Arbeitsheft zu markieren, bevor sie die Sätze sprechen.

6.1.3 Freies Sprechen

Im schulischen Alltag ergeben sich unzählige Situationen, in denen die Lernenden ihre Anliegen frei formulieren. Diese Situationen können didaktisch eingeplant, sollten aber nicht vorstrukturiert sein. Sie sollten auch nicht didaktisch genutzt werden, um ein bestimmtes grammatikalisches Phänomen zu üben. In diesen Situationen geht es nicht um Fortschritte im Sprachlernen, sondern primär um die zwischenmenschliche Kommunikation und um die Pflege einer positiven Beziehung.

Beim freien Sprechen werden Sprachleistungen gefordert, aber nicht gefördert.

In *startklar* A2 kommen deshalb keine expliziten Aufgabenstellungen vor, die ein freies Sprechen oder Diskutieren über ein Thema verlangen. Aufgabenstellungen vom Typ «Diskutiert in der Gruppe ...» fordern von den Lernenden eine Sprachleistung, bei der sie genau das produzieren, was sie können.

6.1.4 Korrektur von mündlichen Fehlern

Es gibt keinen (Zweit-)Spracherwerb ohne Normverstösse.

Wie bereits dargelegt wurde, sind Fehler im (Zweit-)Spracherwerbsprozess normale Erscheinungen → **Kap. 4.2**. Wesentlich ist, dass Fehler sich nicht über längere Zeit wiederholen und mit der Zeit fossilieren, das heisst so tief verankern, dass sie kaum mehr korrigierbar sind.

Der Gefahr der Fossilierung kann – wie bereits betont – durch reproduktives Sprechtraining begegnet werden, bei dem auf das genaue Wiedergeben der Sätze geachtet wird. Auch beim reproduktiven Sprechen produzieren Zweitsprachlernende interimssprachliche Fehler, die aber auf keinen Fall toleriert werden dürfen.

Im Schulalltag kommen viele Äusserungen vor, die sich fast täglich wiederholen, wie zum Beispiel «Darf ich auf die Toilette gehen?», «Ich möchte jetzt lieber den Text lesen», «Bis wann müssen wir das fertig machen?» usw. In solchen Äusserungen schleichen sich gerne Fehler ein, die die Lehrperson zum Teil gar nicht mehr wahrnimmt – man versteht ja, was gesagt wird, und man kann ja nicht ständig jeden Fehler korrigieren. Damit aber auch im Bereich des alltäglichen Unterrichtsgeschehens eine gewisse Korrektheit und auch Angemessenheit eingefordert werden kann, ist die Arbeit mit Redemittellisten ein probates Mittel. Die folgende Liste zeigt beispielhaft, um welche Alltagsformulierungen es sich handelt.

Begrüssen / sich verabschieden

Guten Morgen, Frau … / Herr …

Guten Tag, Frau … / Herr …

Guten Abend, Frau … / Herr …

Auf Wiedersehen, Frau … / Herr …

Verstehen / Nichtverstehen / Wissen / Nichtwissen signalisieren

Ich habe Sie (nicht) verstanden.

Wie bitte?

Was haben Sie gesagt?

Ich verstehe das (nicht).

Das habe ich (nicht) verstanden.

Ich weiss es (nicht).

Ich kann das (nicht).

Ich bin (nicht) sicher.

Informationen erfragen / sich vergewissern

Was heisst das?

Was bedeutet das?

Was ist das?

Wie geht das?

Wie funktioniert das?

Was muss ich machen?

Um welche Zeit muss ich kommen/hier sein?

Wann muss das/die Arbeit / … fertig sein?

Bis wann müssen wir das/die Arbeit / … machen?

Wie viele / Welche Aufgaben müssen wir machen?

Darf ich Sie etwas fragen?

Stimmt das?

Ist das richtig?

Können Sie (bitte) zu mir kommen?

Um Erlaubnis bitten / einen Wunsch äussern

Darf ich aufs WC (auf die Toilette) gehen?

Darf ich lesen/schreiben/Wasser trinken/ …?

Ich möchte die Aufgaben / … machen.

Ich möchte ein neues Heft / ein neues Blatt … haben.

Befindlichkeit ausdrücken

Ich habe Hunger/Durst/Kopfweh/ …

Mir ist schlecht/kalt.

Ich fühle mich nicht wohl.

Sich entschuldigen

Es tut mir leid, ich habe meine Hausaufgaben / meinen Turnsack / … vergessen.

Entschuldigen Sie bitte!

Den Lernenden werden portionenweise Redemittel für den Alltag zum Auswendiglernen gegeben, und diese werden im Unterricht auch eingefordert. Zur Visualisierung werden die aktuellen Redemittel auf A3-Blättern festgehalten und ausgehängt. Wird im Unterricht eine Formulierung falsch verwendet, braucht die Lehrperson nur auf das entsprechende Plakat zu zeigen. Mehr benötigt es in der Regel nicht, damit die Lernenden den Fehler erkennen und sich selbst korrigieren.

Was sich dagegen nicht bewährt, ist die beiläufige Korrektur in Gesprächen, bei der die Lehrperson eine falsch benützte Formulierung korrekt wiederholt. In der Regel hören Lernende den Unterschied zwischen der falschen und der korrekten Form gar nicht. Falls sie den Unterschied dennoch erkennen, bleibt ihnen im Gesprächsfluss keine Zeit, die korrekte Form zu memorieren. Nützlich ist die Korrektur erst, wenn die Lehrperson *nach* dem Gespräch auf einen gehörten Fehler aufmerksam macht. In diesem Fall muss die korrekte Formulierung aufgeschrieben werden, damit der oder die Lernende die Formulierung mehrmals richtig sprechen kann und somit eine korrekte Sprechroutine einübt.

Bei Lernenden mit offensichtlichen Schwierigkeiten, Formulierungen korrekt nachzusprechen, empfiehlt es sich, mit Tonaufnahmen zu arbeiten, sodass die Lernenden sich selbst hören können. Bei ganz schwierigen Fällen sollte eine logopädische Fachperson beigezogen werden.

6.1.5 Sprechen testen

In den Tests von *startklar* A2 sind keine Sprechübungen enthalten. Für Schülerinnen und Schüler auf dem Niveau von *startklar* A2 sind Tests, die das reproduktive Sprechen prüfen, geeignet. Ein entsprechender Test soll überprüfen, wie ein auswendig gelernter Text oder Dialog reproduziert werden kann. Getestet wird dabei, wie grammatikalische Formen und Strukturen abgerufen werden können. Es muss streng beurteilt werden. In einem kurzen Text von etwa 50 Wörtern dürfen nicht mehr als vier Fehler vorkommen, damit eine genügende Note erteilt werden kann.

6.2 Aussprache

Im Gegensatz zu *startklar* A1 enthält *startklar* A2 kein spezielles Aussprachetraining. Das hat damit zu tun, dass Jugendliche, die seit rund einem Jahr Deutsch lernen, meist nur noch punktuelle Ausspracheprobleme aufweisen.

Dabei geht es nicht darum, eine absolut korrekte deutsche Aussprache zu fordern, sondern lediglich unverständliche oder missverständliche Äusserungen zu korrigieren. Wenn Portugiesischsprechende aus Brasilien *dschi* statt *die* sagen, kann das missverständlich sein, ebenso wenn Spanischsprechende *Band* sagen, aber *Wand* meinen.

In diesen Fällen bedarf es eines gezielten Trainings mit den Ausspracheseiten aus *startklar* A1 oder mit einer logopädischen Fachperson.

6.3 Schreiben

Die Schreibkompetenz stellt einen wesentlichen Faktor für Schulerfolg dar. Wer Texte kohärent und korrekt formulieren kann, hat grosse Chancen, einen den persönlichen Begabungen und Interessen angemessenen Aus- und Weiterbildungsgang mit Erfolg zu absolvieren. Aus diesem Grund muss das Schreiben von Texten intensiv und gezielt gefördert werden, sowohl auf der Ebene der Korrektheit als auch auf der Ebene der Textkohärenz.

In *startklar* A2 wird das Schreiben von Texten in jeder Einheit vor allem auf den Doppelseiten zum Schreiben gezielt gefördert. Die Lernenden schreiben aber auch Wörter, Sätze und kleine Texte zu praktisch allen Inhalten des Lehrmittels. Es gilt dabei zu unterscheiden, was die Aufgabenstellung erfordert und wie die Lernenden beim Schreiben unterstützt werden.

6.3.1 Reproduktives Schreiben

Wie beim Sprechen geht es beim reproduktiven Schreiben vor allem um die Genauigkeit. Richtig abschreiben zu können, ist eine wichtige Voraussetzung für jegliches Lernen. Aus diesem Grund muss darauf geachtet werden, dass beim Abschreiben alles korrekt übernommen wird. Dadurch fixieren sich korrekte Wortbilder im Langzeitgedächtnis, was für die Rechtschreibkompetenz grundlegend ist.

Das Training der Rechtschreibung findet in *startklar* ausschliesslich im Rahmen des reproduktiven Schreibens und der Korrekturarbeit statt. Das setzt aber voraus, dass die Lehrperson die Genauigkeit beim Abschreiben auch einfordert und die Leistung entsprechend bewertet. Aus diesem Grund werden in *startklar* keine spezifischen Rechtschreibübungen angeboten. Wichtig ist, dass die Lernenden den Unterschied zwischen Regelwörtern (z.B. *Liebe* mit *ie*, da langer Vokal) und Lernwörtern (z.B. *Tal, Wahl, Saal* mit langem Vokal, aber unterschiedlicher Schreibweise) verstehen. Das heisst, sie sollen altersgemässe Regeln kennen und anwenden und parallel dazu Lernwörter, zu denen es keine Regel gibt, mit einer passenden Lerntechnik memorieren. Regelwissen und ein Schatz an Lernwörtern erleichtern das korrekte und vor allem auch fliessende Abschreiben, weil Wörter nicht einzeln kopiert, sondern aufgrund von Wissen und Können rekonstruiert werden.

Reproduktives Schreiben findet praktisch in allen Aufgabenstellungen statt, in denen die Lernenden etwas schreiben müssen, wie zum Beispiel in Grammatikübungen oder in Texten, in denen Textbausteine übernommen werden können.

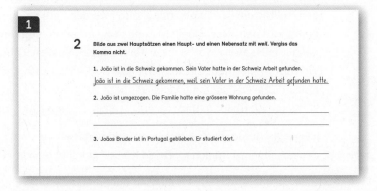

Die Schreibkompetenz ist ein wesentlicher Faktor für Bildungserfolg und muss deshalb gezielt und intensiv gefördert werden.

6.3.2 Gelenktes Schreiben

Gelenkte Schreibaufgaben bieten den Lernenden sämtliche sprachlichen und strukturellen Elemente, um selbstständig einen Text zu formulieren. Die Aufgabenstellungen bieten ein Gerüst (= Scaffold) mit der entsprechenden Textstruktur und möglichen Formulierungen (= Textbausteine). Dadurch erweitern die Lernenden ihren Wortschatz, lernen Formulierungen mit den korrekten grammatikalischen Formen und bauen gleichzeitig ihre Textkompetenz aus. Durch die Aufgabenstellungen werden die Lernenden in die Lage versetzt, einen Text zu formulieren, der qualitativ weit über ihrem aktuellen Sprachstand liegt, was sich nicht nur auf das Sprachlernen positiv auswirkt, sondern auch zum Schreiben weiterer Texte motiviert.

Die stärkste Form der Unterstützung besteht aus einem Mustertext, den die Lernenden durch Ersetzen von Wörtern, Satzteilen oder ganzen Sätzen zu einem eigenen Text umwandeln. In *startklar* A2 findet das im Themenbuch vor allem im dialogischen Sprechen beim Variieren eines Dialogs und auf den Doppelseiten mit den Schreibaufgaben statt. In beiden Fällen muss die Aufgabenstellung sorgfältig eingeführt werden, am besten anhand eines sogenannten Modelling. Dabei erklärt die Lehrperson die Aufgabenstellung, indem sie diese zusammen mit den Lernenden und visualisiert am Beamer ausführt. Dabei kommentiert die Lehrperson ihre Überlegungen beim Schreiben des Textes laufend. So erkennen die Lernenden, wie eine geübte Person vorgeht und was sie dabei denkt, und sie können dieses Vorgehen für ihren eigenen Text nachahmen.

Es ist zu betonen, dass die Nutzung von Mustertexten im Alltag wie im Beruf eine verbreitete Praxis ist. Wer zum Beispiel eine Kondolenzkarte schreiben will, kann im Internet passende Formulierungen suchen und übernehmen. Wer im Beruf eine Antwort-E-Mail schreiben muss, überlegt kurz, ob nicht bereits eine ähnliche E-Mail geschrieben wurde. Das Gleiche gilt auch für andere Textsorten wie Bestellungen, Reklamationen, Rechnungen usw.

6.3.3 Freies Schreiben

In *startklar* gibt es keine Aufgabenstellungen, die ein Schreiben ohne jegliche Unterstützung erfordern. Das freie Schreiben beschränkt sich somit auf persönliche Notizen und auf Übersetzungen in die eigene Sprache, die von der Lehrperson nicht korrigiert werden.

6.3.4 Korrektur von schriftlichen Fehlern

Die Form der Korrektur von geschriebenen Sätzen und Texten hängt im Wesentlichen von der Aufgabenstellung ab. Beim reproduktiven Schreiben, vor allem bei Grammatikübungen, sollten die Lernenden angehalten werden, ihre Leistungen selbst zu korrigieren. Dadurch wird dem Ziel, möglichst genau zu arbeiten, stärkeres Gewicht verliehen. Die Lernenden müssen die Wörter in der Textvorlage genau anschauen und mit den geschriebenen Wörtern vergleichen. Sie können dabei ihr Regelwissen und ihren Schatz an Lernwörtern nutzen. Dieses Zusammenspiel verlangt Konzentration, unterstützt das Memorieren von korrekten Wortbildern und fördert die Selbstständigkeit beim Lernen.

Bei vielen Aufgabenstellungen im Arbeitsheft können die Lernenden ihre Leistungen mit den Lösungen vergleichen. Diese Korrektur kann auch in Partnerarbeit gemacht werden.

Beim gelenkten Schreiben müssen die Lernenden angehalten werden, die zur Verfügung gestellten Textstrukturen und Textbausteine richtig zu übernehmen. Die Textabschnitte müssen sichtbar und die Textbausteine richtig abgeschrieben sein. Auch dies kann in Form von Selbstkorrektur verlangt werden. Das bedeutet, dass nach dem Schreiben die Lernenden einen expliziten Auftrag bekommen, wie zum Beispiel: «Kontrolliert euren Text. Sind die Abschnitte sichtbar? Sind alle Textbausteine richtig abgeschrieben?»

Nachdem die Lernenden ihren Text kontrolliert haben, erfolgt die Korrektur durch die Lehrperson. Dabei muss auf alle übersehenen Abschreibfehler hingewiesen werden, indem am Rand ein Zeichen für «In dieser Zeile hat es einen Abschreibfehler» gesetzt wird. Bei der Überarbeitung werden die Lernenden so angehalten, den Fehler in der Zeile selbst zu finden.

Interimssprachliche Fehler müssen schrittweise angegangen werden, sodass die Lernenden immer wissen, an welchem Fehlertyp sie gerade arbeiten.

Interimssprachliche Fehler müssen auf der GER-Stufe A2 gezielt angegangen werden. Dabei entscheidet die Lehrperson, welcher Fehlertyp angegangen werden soll. Dies könnte zum Beispiel die Verbformen, den Satzbau oder die Punkte am Schluss eines Satzes betreffen. Damit die Lernenden den Fehlertyp erkennen und verbessern können, kann die Lehrperson zwei bis drei Sätze aus dem Text korrekt – und eventuell stilistisch verbessert – aufschreiben. Diese Sätze müssen die Lernenden zu Hause auswendig lernen und in der folgenden Lektion auswendig korrekt schreiben können. Alle anderen Fehler werden nicht beachtet. Die Lernenden müssen aber wissen, dass es im Text noch weitere Fehler hat, die vorerst keine Rolle spielen.

Eine vollständige Korrektur ist lediglich angezeigt, wenn der Text auswendig vorgetragen werden muss, wie zum Beispiel bei einem variierten Dialog. Die Lernenden sollten ausschliesslich korrekte Sätze und Texte auswendig lernen. Es muss auf alle Fälle vermieden werden, dass die Lernenden falsche Wortbilder oder fehlerhafte grammatikalische Formen memorieren.

Texte zum Auswendiglernen oder für bestimmte Adressaten sind immer fehlerlos.

Texte, die für externe Adressaten geschrieben werden, wie zum Beispiel ein Plakat zum Aushängen im Schulhaus oder ein Brief, müssen ebenfalls vollständig korrigiert und verbessert werden. Dadurch wird den Lernenden bewusst gemacht, dass Texte für reale Adressaten korrekt sein müssen. Bereits bei Bewerbungsbriefen für eine Schnupperlehre oder für eine Lehrstelle zahlt sich diese Einsicht aus.

6.3.5 Schreiben testen

In den Tests von *startklar* A2 müssen die Lernenden sowohl Grammatik- und Wortschatzaufgaben schriftlich lösen als auch einen Text schreiben. Sämtliche Aufgabenstellungen sind in der Form identisch mit den Aufgabenstellungen, die während der Arbeit mit der Themeneinheit bearbeitet wurden. Nur der Inhalt variiert leicht.

Bei den Grammatik- und Wortschatzaufgaben kann eine hohe Korrektheit verlangt werden. Dies bedeutet, dass für falsch abgeschriebene Wörter ein ganzer oder ein halber Punkt abgezogen wird.

Am Schluss der Tests müssen die Lernenden einen Text schreiben, der inhaltlich sehr ähnlich ist wie der Text, den sie im Unterricht mit einem starken Scaffolding geschrieben haben. Die Aufgabenstellung gibt den Inhalt und die Anzahl der Abschnitte an.

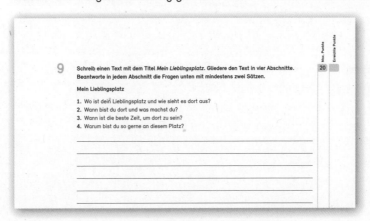

9   Schreib einen Text mit dem Titel *Mein Lieblingsplatz*. Gliedere den Text in vier Abschnitte. Beantworte in jedem Abschnitt die Fragen unten mit mindestens zwei Sätzen.

Max. Punkte 20   Erreichte Punkte

Mein Lieblingsplatz

1. Wo ist dein Lieblingsplatz und wie sieht es dort aus?
2. Wann bist du dort und was machst du?
3. Wann ist die beste Zeit, um dort zu sein?
4. Warum bist du so gerne an diesem Platz?

Bei der Korrektur dieser Texte sollte vor allem auf das Einhalten der Vorgaben geachtet werden (Gliederung in Abschnitte, Mindestanzahl Sätze, Angemessenheit der Inhalte in den Abschnitten). Rechtschreibfehler sollten aber nicht bewertet werden.

Folgende Bewertungskriterien können den Lernenden vorweg mitgeteilt werden:

1. Ist der Text in vier Abschnitte gegliedert?
2. Enthält jeder Abschnitt mindestens zwei Sätze?
3. Sind genügend Informationen in den Abschnitten?
4. Sind die gelernten Textbausteine korrekt?

Zur Bewertung der geschriebenen Texte könnte zum Beispiel folgende Punkteverteilung gelten: Von maximal 20 Punkten könnten 5 Punkte für die Mindestanzahl der Sätze, 5 Punkte für die Gliederung in Abschnitte, 5 Punkte für die Angemessenheit der Inhalte und 5 Punkte für die Korrektheit der gelernten Textbausteine vergeben werden. Grundsätzlich liegt es jedoch in der Verantwortung der Lehrperson, bei diesem Aufgabentyp ein zum vorausgegangenen Unterricht und zur Gruppe der Lernenden passendes Bewertungssystem festzulegen und entsprechend den Lernenden bekannt zu geben.

7   Wortschatzerwerb und Wortschatzarbeit

In der Zweit- und Fremdsprachendidaktik wird zwischen Produktionswortschatz und Verstehenswortschatz unterschieden. Wie bereits in *startklar* A1 steht auch bei der Wortschatzarbeit in *startklar* A2 der Produktionswortschatz im Vordergrund.

7.1 Umfang des Produktionswortschatzes

Gemäss den Zertifikatsprüfungen für Deutsch als Fremdsprache *Fit in Deutsch* 1 und 2 (Goethe Institut, 2013) umfasst der produktive Wortschatz auf der Erwerbsstufe A1 650 Begriffe. Auf der Erwerbsstufe A2 kommen weitere 650 Begriffe dazu. Jugendliche und erwachsene Lernende sollten somit auf der Erwerbsstufe A2 rund 1300 alltagssprachliche Wörter und Ausdrücke auf Deutsch produktiv verwenden können.

Mit *startklar* A1 werden gemäss Wortschatzlisten rund 800 Begriffe produktiv gelernt, mit *startklar* A2 sind es weitere rund 1000 Begriffe. Damit werden mit *startklar* A1 und A2 insgesamt rund 1800 Begriffe gelernt, also rund 500 Begriffe mehr, als von den Zertifikatsprüfungen des Goethe-Instituts vorgesehen sind. Die höhere Anzahl an Lernwörtern hat mit dem schulischen Kontext zu tun. Die Zielgruppe von *startklar* lernt Deutsch mit dem Ziel, sich in eine deutschsprachige Schule zu integrieren und einen deutschsprachigen Bildungsweg durchlaufen zu können. Dies ist denn auch der grundlegende Unterschied zwischen Deutsch als Lern- bzw. Zweitsprache und Deutsch als Fremdsprache. Mit Deutsch als Lern- bzw. Zweitsprache auf der Erwerbsstufe A2 müssen die Lernenden zusätzliche schul- und fachspezifische Begriffe lernen, die in Deutsch als Fremdsprache nicht vorgesehen sind.

> Die Wortschatzarbeit konzentriert sich auf einen der Zielgruppe angepassten Produktionswortschatz.

Die rund 1000 neuen Begriffe in *startklar* A2 bilden zusammen mit den rund 800 bereits erworbenen Begriffen den produktiven Wortschatz, auf den sich die Wortschatzarbeit konzentrieren soll. Ein effizientes Sprachlernen berücksichtigt die Tatsache, dass ein Mensch immer über einen Produktionswortschatz und einen bedeutend umfangreicheren Verstehenswortschatz verfügt. Ausgehend von einem gefestigten Produktionswortschatz mit einer begrenzten Auswahl an hochfrequenten und der sozialen Situation angemessenen Begriffen erweitert sich der Verstehenswortschatz von selbst durch den Einsatz verschiedener Verstehensstrategien (z.B. Erschliessen aus dem Kontext, Nachfragen, Nachschlagen von unbekannten Wörtern).

Bei der Auswahl des Produktionswortschatzes für *startklar* stand immer die Frage im Vordergrund: Sagt oder schreibt ein/e 14-Jährige/r mit Deutsch als Erstsprache dieses Wort von sich aus? Im Lesetext der Einheit 2 zum Thema «Öffentlicher Verkehr» kommt zum Beispiel das Wort *Haushalte* vor. Dieser statistische Fachbegriff ist im Kontext verständlich, denn es handelt sich im Wesentlichen um eine Gruppe von Menschen, die zusammen in einer Wohnung oder einem Haus leben. Im weitesten Sinn könnte man darunter auch eine Familie verstehen. Nun ist es aber sehr unwahrscheinlich, dass deutschsprachige Jugendliche diesen Begriff von sich aus (mündlich oder schriftlich) verwenden – ausser sie behandeln gerade statistische Angaben zur Wohnbevölkerung. Aus diesem Grund ist dieser statistische Fachbegriff nicht in der Wortschatzliste aufgeführt. So werden auch andere, meist spezifische Begriffe aus einem Fachgebiet nicht in die Wortschatzlisten aufgenommen, da sie nur im Rahmen des behandelten Themas verstanden werden müssen.

7.2 Wortzusammensetzung

Selbstverständlich muss man den Umfang des Lernwortschatzes in einem Lehrmittel mit Wortschatzlisten definieren. Damit ist aber nicht gemeint, dass die Lernenden nur diese Wörter produktiv zur Verfügung haben. Schliesslich erwerben die Jugendlichen viele Wörter auch ungesteuert, zum Teil im sozialen Kontakt mit anderen Jugendlichen oder über die Medien, zum Teil auch im Unterricht selbst. Zudem kann sich der Produktionswortschatz schlagartig erweitern, sobald die Lernenden die Regeln der Wortzusammensetzung im Deutschen erkannt haben. Wenn also die Lernenden in Einheit 1 den Wörtern *Lieblingsmusik* und *Volleyballclub* begegnen, tut sich die Möglichkeit auf, dass sie Dutzende von weiteren Begriffen daraus ableiten können.

Lieblingsmusik → *Lieblingssport, Lieblingsfilm, Lieblingsessen* usw.
Volleyballclub → *Fussballclub, Tennisclub, Tanzclub, Judoclub* usw.

Die Kenntnis der Regeln zur Wortzusammensetzung erweitert den Verstehens- und Produktionswortschatz ohne zusätzlichen Lernaufwand.

Aus diesem Grund wird in *startklar* A2 (ab Einheit 4) der Wortbildung grosses Gewicht beigemessen. Die Lernenden sollen erkennen, dass Wörter im Deutschen nach bestimmten Regeln zusammengesetzt werden können und dass diese Besonderheit des Deutschen das Verstehen und Memorieren von Wörtern erheblich erleichtert.

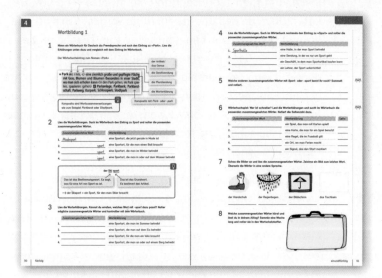

In den Wortschatzlisten sind auch zusammengesetzte Wörter enthalten, die gleichzeitig als Einzelbegriff gelernt werden. Im oben erwähnten Text aus Einheit 2 zum Thema «Öffentlicher Verkehr» kommt zum Beispiel das Wort *Pferdewagen* vor. *Pferd* und *Wagen* sind Begriffe, die durchaus von deutschsprachigen Jugendlichen gebraucht werden und die auf der Erwerbsstufe A2 beherrscht werden müssen. In *startklar* A2 lernen die Jugendlichen das Wort als Kompositum *(ein Wagen, der von einem Pferd gezogen wird)* im Kontext einer geschichtlichen Information zum öffentlichen Verkehr. Dadurch werden mit einem zusammengesetzten Wort gleich zwei neue Begriffe gelernt.

7.3 Erwerbssequenzen

Soll ein neues Wort gelernt werden, sind vier Phasen des Erwerbs zu durchlaufen.

1. Verstehen

Der erste Schritt beim Lernen von neuen Begriffen ist das Verstehen. Was Menschen nicht verstehen, können sie schlecht memorieren. Wie bereits betont, werden viele Begriffe von den Lernenden im Kontext des behandelten Themas verstanden, wobei das Verstehen sehr unterschiedlich sein kann. Im Fall von *Haushalte* werden die Lernenden das Wort kaum gemäss der Definition *(eine aus mindestens einer natürlichen Person bestehende Wirtschaftseinheit)* verstehen, sondern sich ein ungefähres Bild des Begriffs machen. Für das Verständnis des Textes spielt das keine Rolle. Begriffe, die in den Wortschatzlisten aufgeführt sind, müssen dagegen möglichst genau verstanden werden, damit sie produktiv in eigenen Äusserungen und Texten auch richtig eingesetzt werden können.

Wörter aus dem Produktionswortschatz müssen möglichst genau verstanden werden.

2. Abrufen

Der zweite Schritt beim Lernen von neuen Begriffen ist das Abrufen. Das neue Wort muss also aufgrund eines Reizes (zum Beispiel eines Bilds oder einer Definition) aus der Erinnerung abgerufen werden können. Diese Fähigkeit kann nicht einfach vorausgesetzt werden. Auch wenn ein Begriff verstanden wurde, kann er am folgenden Tag meist nicht automatisch abgerufen werden. Mit den Texten und Dialogen im Themenbuch, den Übungen im Arbeitsheft und auch mit den Beispielsätzen auf den Wortschatzlisten haben die Lernenden die Möglichkeit, die neuen Wörter sprechend so zu lernen, dass sie längerfristig memoriert werden können. Dabei werden die neuen Wörter nicht isoliert als Listen gelernt, sondern in sinnvollen Sätzen eingebettet, also auch zusammen mit den korrekten grammatikalischen Formen. Aus diesem Grund enthalten die Wortschatzlisten Beispielsätze aus den behandelten Texten oder Definitionen.

Das Training des Produktionswortschatzes sollte immer eine tönende Tätigkeit sein.

Die Lernenden memorieren Wörter so als Makrolexeme (= Chunks). Das Wort *der Vortrag* zum Beispiel wird mit dem Satz «In meinem Vortrag möchte ich euch eine Persönlichkeit vorstellen» gelernt. Das Wort wird somit zusammen mit passenden Funktionswörtern und grammatikalischen Formen *(in meinem Vortrag)* als Makrolexem im Rahmen einer typischen Formulierung *(... möchte ich ... vorstellen)* memoriert. Wesentlich dabei ist, dass die Beispielsätze in den Wortschatzlisten mehrmals laut gesprochen werden, damit die Makrolexeme und Formulierungen als Klangbilder memoriert werden können.

3. Verwenden

Der dritte Schritt beim Lernen von neuen Begriffen ist das Verwenden. Gelernte Wörter, die nicht verwendet werden, können nach einer gewissen Zeit nicht mehr abgerufen werden. Sie werden zwar wiedererkannt und verstanden, stehen jedoch für eigene Äusserungen und Texte nicht mehr zur Verfügung. Aus diesem Grund müssen die Lernenden dazu ermuntert werden, die neu gelernten Wörter in eigenen Äusserungen und Texten zu verwenden. Im mündlichen Bereich kann dies durch Positivbestätigungen geschehen, wenn Lernende neue Wörter in eigenen spontanen Äusserungen benützen. In Schreibaufgaben können Wörter aus den Wortschatzlisten explizit eingefordert werden, zum Beispiel durch die Anweisung «Benütz möglichst viele Wörter aus der Wortschatzliste». Bei der Bewertung des Textes können die verwendeten neuen Wörter mit einem Bonuspunkt honoriert werden.

Der Produktionswortschatz sollte in Äusserungen und Texten der Lernenden eingefordert werden.

4. Reflektieren

Der Wortschatz erweitert sich durch die Kenntnis der Wortbildungsregeln.

Der vierte Schritt beim Lernen von neuen Begriffen ist das Reflektieren. Reflexionen über Wörter entwickeln einen sogenannten intelligenten Wortschatz. Die Lernenden kennen nicht nur die Bedeutung und die Verwendungsmöglichkeiten von Wörtern. Sie erkennen auch, wie die Wörter zusammengesetzt sind und mit welchen Wörtern sie ‹verwandt› sind. Dadurch können die Lernenden auch Wörter verstehen, denen sie zuvor nie begegnet sind.

In den Wortschatzlisten wird bei bestimmten Wörtern auf die ‹Verwandtschaft› hingewiesen. Beim Eintrag *persönlich* zum Beispiel steht → *Person* (=kommt von *Person*). Dadurch erkennen die Lernenden die Zusammenhänge zwischen den Wörtern.

Wie bereits erwähnt, wird in *startklar* A2 das Thema Wortbildung in den Einheiten 4 bis 10 explizit behandelt. Für viele Lernende ist die Unterscheidung zwischen Grundwort und Bestimmungswort nicht einfach zu erkennen. Wie in allen germanischen Sprachen steht auch im Deutschen das Grundwort am Schluss des zusammengesetzten Wortes und bestimmt den Artikel. Der Unterschied zwischen *Sporthalle* und *Hallensport* oder *Kartenspiel* und *Spielkarte* ist für Deutschsprachige problemlos zu verstehen. Für Lernende, die seit knapp einem Jahr Deutsch lernen, ist dies nicht immer einfach nachzuvollziehen. Bei der Einführung kann folgende Veranschaulichung hilfreich sein:

der Sport
die Sport-halle
der Sport-halle(n)-eingang
die Sport-halle(n)-eingang(s)-beleuchtung
das Sport-halle(n)-eingang(s)-beleuchtung(s)-problem

Dieses Zusammensetzspiel kann mit beliebigen Nomen weitergeführt werden. Die Auflösung des zusammengesetzten Wortes beginnt immer von hinten nach vorne. Beim letzten Wort oben handelt es sich um ein Problem an der Beleuchtung im Eingang einer Halle, in der man Sport treibt.

Es kann auch darauf hingewiesen werden, dass solche Zusammensetzungen auch in anderen Sprachen vorkommen. So spricht man im Englischen zum Beispiel von *butterfly*, *motorway* oder *rainbow*, im Französischen zum Beispiel von *autoroute*, *autobus* oder (mit Bindestrichen) *arc-en-ciel* oder *rez-de-chaussée*. Für die meisten zusammengesetzten Wörter im Deutschen kennen andere Sprachen aber Einzelbegriffe oder Nominalphrasen:

Familienname	nom de famille	last name / family name
Fussknöchel	cheville	ankle
Pfeffermühle	moulin à poivre	pepper mill
Arbeitsstelle	emploi	job
Zeitungsartikel	article de journal	news article
Improvisationstheater	théâtre d'improvisation	improvisational theatre

Mit dem Auftrag, zusammengesetzte Wörter zu sammeln, wird die Aufmerksamkeit der Lernenden auf ein bestimmtes Phänomen des Deutschen gerichtet. In der Sprachdidaktik wird dieses Sprachbewusstsein auch als *language awareness* oder *éveil aux langues* bezeichnet, wobei die zu untersuchenden Phänomene ganz unterschiedlicher Art sein können (z.B. Satzbau, Umgang mit Höflichkeitsformen, Redewendungen usw.).

7.4 Wortschatztraining

Für einen nachhaltigen Wortschatzerwerb müssen die neuen Begriffe regelmässig und gezielt trainiert werden. In *startklar* A2 werden dafür drei Trainingsmöglichkeiten vorgeschlagen.

1. Wortschatzlisten

Die Wortschatzlisten zu den 10 Einheiten von *startklar* A2 sind für die Lehrperson auf der Plattform als PDF- oder Excel-Dateien abrufbar. Je nach Voraussetzungen der Lernenden können die Excel-Listen erweitert oder gekürzt werden. Wesentlich ist, dass zusammen mit den Begriffen auch die Beispielsätze aus den Inhalten der Einheit im Themenbuch und im Arbeitsheft gelernt werden.

Auf jeder Lehrmittelseite und in jedem Hör- oder Lesetext sind ausserdem zusätzliche, neue Wörter enthalten. Sie beeinträchtigen ein globales Verstehen des Inhalts aber nicht → **Kap. 5**.

Nachdem ein Unterkapitel einer Einheit bearbeitet wurde, erhalten die Lernenden die dazugehörige Wortschatzliste, mit der sie weitgehend selbstständig arbeiten sollten:

- Sie ergänzen die Liste mit Umschreibungen oder Übersetzungen.
- Sie lesen die Wörter und Beispielsätze laut.
- Sie lesen nur die Umschreibung oder Übersetzung und sprechen das deutsche Wort und den Beispielsatz.
- Sie überprüfen sich selbst.

Der Einsatz der Wortschatzlisten kommt nach der Arbeit am Thema.

Es wird vom Prinzip ausgegangen, dass zuerst die Inhalte bearbeitet und erst danach die Wortschatzlisten für das selbstständige Wortschatztraining abgegeben werden. Dadurch gewöhnen sich die Lernenden an das kontinuierliche Wortschatztraining und sie übernehmen auch die Verantwortung für den Wortschatzerwerb.

2. Wörterbox mit Wortschatzkarten

In Einheit 2 wird die bereits in *startklar* A1 eingeführte Lerntechnik mit Wortschatzkarten und einer Wörterbox wieder aufgenommen (Arbeitsheft, S. 28). Diese Form des Wortschatzlernens ermöglicht eine grössere Individualisierung, denn die Lernenden können selbst entscheiden, welche zusätzlichen Wörter (zum Beispiel aus den Landeskundeseiten) sie in die Wörterbox aufnehmen wollen.

3. Lerntools im Internet

Für das Wortschatztraining stehen im Internet verschiedene Lerntools zur Verfügung, die nach demselben Lernprinzip wie die Wörterbox funktionieren (zum Beispiel *www.quizlet.com* oder *www.bitsboard.com*). Der Vorteil solcher Lerntools besteht darin, dass bestehende Kartensets zu *startklar* übernommen und angepasst werden können. Die Wörter kann man als Klang abspielen und es werden verschiedene Trainingsformate angeboten. Der Nachteil ist, dass das Training ausschliesslich online möglich ist.

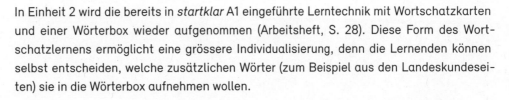

7.5 Wortschatz testen

In den Tests von *startklar* A2 sind auch Wortschatzüberprüfungen enthalten. Die Aufgabenstellungen prüfen allerdings nur einen Teil des produktiven Wortschatzes einer Einheit. Es empfiehlt sich deshalb, periodisch zusätzliche, auf den bearbeiteten Wortschatzlisten basierende Wortschatztests durchzuführen.

Zur Überprüfung des Lernerfolgs können Wortschatztests in unterschiedlicher Form eingesetzt werden:

- Lückentexte
- Synonyme/Antonyme
- Wort der entsprechenden Umschreibung zuordnen

Wortschatztests sind nicht automatisch auch Rechtschreibtests.

Zu betonen ist, dass Wortschatztests nicht zwangsläufig auch als Rechtschreibtests zu verstehen sind. Für Rechtschreibfehler sollte nur dann ein Abzug gemacht werden, wenn die Lernenden genau wissen, dass der Test den Wortschatz und die korrekte Schreibweise prüft.

8 Grammatikerwerb

Alle Menschen verfügen über ein implizites Grammatikwissen in Bezug auf ihre Erstsprache(n).

In der Sprachdidaktik wird zwischen implizitem und explizitem Grammatikwissen unterschieden. Das implizite Grammatikwissen baut sich primär durch Imitation auf. Im Erstspracherwerb imitieren Kleinkinder die Sprache der Bezugspersonen, das heisst, sie reproduzieren die gehörten Laute und erwerben so auch sämtliche grammatikalischen Formen und Strukturen der Erstsprache. Landläufig wird dieses Wissen auch Sprachgefühl genannt. Kinder lernen sowohl Strukturen wie «Gestern habe ich ein Theater gesehen» als auch Formen wie *mit dem Ball* korrekt zu sprechen. Das Kind fragt sich dabei nicht, warum es nicht heisst «Gestern ich habe gesehen ein Theater*» oder *mit der Ball**. Die Formen und Strukturen werden als Klangbilder memoriert und entsprechend reproduziert.

Explizites Grammatikwissen umfasst dagegen das Regelwissen über Formen und Strukturen – so beispielsweise das Wissen, dass im Deutschen das Perfekt mit den Hilfsverben *haben* oder *sein* gebildet oder wie das Partizip II geformt wird. Hinzu kommen Grammatikbegriffe, die benützt werden, um über diese Regeln zu sprechen. Im Kontext des Lehrplans 21 wird das explizite Grammatikwissen auch analytisches Grammatikwissen genannt. Zu den Kenntnissen von Grammatikbegriffen findet sich im Lehrplan 21 im Kompetenzbereich D.5.D. «Sprache(n) im Fokus: Grammatikbegriffe» die folgende Kompetenz:

> «Die Schülerinnen und Schüler können Grammatikbegriffe für die Analyse von Sprachstrukturen anwenden.»

Hier wird davon ausgegangen, dass die Lernenden bereits über ein bestehendes implizites Grammatikwissen verfügen. Sie können Nomen, Adjektive oder Haupt- und Nebensätze korrekt benützen. Im Unterricht werden sie dazu angeleitet, die Regeln der deutschen Sprache zu untersuchen, und sie lernen, wie die einzelnen Elemente heissen. Der Sinn und Zweck eines solchen expliziten Grammatikwissens ist die Wahrnehmung der Funktionsweise der Sprache mit dem Ziel, die Sprache bewusst und gezielt gebrauchen zu können.

Explizite Grammatikkenntnisse helfen, die Sprache bewusst wahrzunehmen und anzuwenden.

In der Fremdsprachendidaktik ging man lange Zeit davon aus, dass zuerst die Regeln der neuen Sprache gelernt werden müssen, um sie dann mit Übungen anzuwenden und zu festigen. Diese induktive Vorgehensweise wurde mit der kommunikativen Wende in den 1970er-Jahren umgekehrt zugunsten einer deduktiven Sprachbetrachtung, die eher dem natürlichen Spracherwerb entspricht. Zuerst begegnen die Lernenden neuen Formen und Strukturen im Kontext von Situationen und Texten. Sie verstehen die Inhalte und lernen implizit neue Formen und Strukturen, ohne sich überlegen zu müssen, welche Grammatikregeln im Spiel sind. Erst danach werden Grammatikregeln behandelt. Der Unterschied zum Aufbau von explizitem Grammatikwissen in der Erstsprache ist, dass in Lehrmitteln für Deutsch als Fremd- oder Zweitsprache zumeist unmittelbar nach den Angeboten zum impliziten Grammatikerwerb explizites Grammatikwissen behandelt wird. Der Aufbau von explizitem Grammatikwissen hat hier – wie auch im Erstsprachunterricht – das Ziel, dass sprachliche Phänomene wahrgenommen und für das sprachliche Handeln bewusst genutzt werden können.

8.1 Grammatikthemen im Überblick

Folgende Themen werden im Arbeitsheft explizit behandelt:

Einheit 1	Satzbau: Aussagesätze und Fragesätze Satzbau: Nebensätze im Präsens und Perfekt (Konjunktionen: *weil, wenn, damit, dass*)
Einheit 2	Präpositionale Ortsangaben (*wo?*) Satzbau: Satzglieder
Einheit 3	Satzbau: einfache und erweiterte Infinitivsätze Modalverben im Präteritum Satzbau: Finale Nebensätze mit *um ... zu* und *damit*
Einheit 4	Satzbau: Indirekte Frage mit *ob* und Fragewörtern
Einheit 5	Personalpronomen im Akkusativ und Dativ Futur I
Einheit 6	Satzbau: Nebensätze auf der 1. Position Verben mit Dativ und Akkusativ Possessivpronomen im Akkusativ und Dativ
Einheit 7	Regelmässige und unregelmässige Verben im Präteritum Adjektiv und Nomen im Nominativ, Akkusativ und Dativ
Einheit 8	Hauptsätze und Nebensätze umstellen
Einheit 9	Hauptsätze und Nebensätze umstellen
Einheit 10	Possessivpronomen im Dativ Hauptsätze und Nebensätze umstellen

startklar legt im Sinne eines bildungssprachlichen Kompetenzaufbaus ein grosses Gewicht auf den Satzbau.

Neue Formen und Strukturen müssen intensiv mündlich trainiert werden.

Wie in *startklar* A1 wird auch in *startklar* A2 dem Satzbau ein grosses Gewicht beigemessen. Neu wird in *startklar* A2 die Satzstruktur durch unterschiedliche Nebensätze und durch die Erstellung von Nebensätzen erweitert. Die Lernenden werden befähigt, komplexe Sätze zu bilden mit dem Ziel, ihre bildungssprachlichen Kompetenzen zu erweitern.

Ebenfalls analog zu *startklar* A1 sind die Übungsformen, die sich stark auf ein ‹sprechendes› Training abstützen. Die Lernenden sollen die neuen grammatikalischen Formen und Strukturen primär ‹übers Ohr› memorieren und weniger über das Regelwissen. Dadurch werden Formen und Strukturen als sogenannte Makrolexeme memoriert. Das dazugehörige Regelwissen erlaubt es den Lernenden zu verstehen, warum eine bestimmte Form oder Struktur so gebildet wird. Dieses explizite Grammatikwissen hilft aber auch beim schriftlichen Formulieren von Sätzen, bei der Überarbeitung eines Textes oder bei der Wahl von sprachlichen Mitteln im Hinblick auf eine bildungssprachliche Ausdrucksweise.

8.2 Verbalbereich

In *startklar* A1 wurden die Verben (inklusive Modalverben) im Präsens und im Perfekt eingeführt sowie *sein* und *haben* im Präteritum. Damit verfügen die Lernenden über die wichtigsten Zeitformen, um Gegenwärtiges, Vergangenes und auch Zukünftiges zu verstehen und darüber zu sprechen bzw. zu schreiben. In *startklar* A2 werden die Verben (inklusive Modalverben) im Präteritum und im Futur I eingeführt. Damit erweitern die Lernenden insbesondere die bildungssprachlichen Kompetenzen, die sie benötigen, um differenzierter über Vergangenes und Zukünftiges sprechen zu können.

Im Deutschen kommen Verbformen im Präteritum und Futur I vor allem in stilistisch anspruchsvolleren Texten wie zum Beispiel Erzählungen, Essays und Zeitungsartikeln vor. In der Alltagssprache werden diese Formen zugunsten von Perfekt und Präsens eher vermieden. Die Entwicklung einer bildungssprachlichen Kompetenz bedingt jedoch, dass die Spracharbeit auch bildungssprachliche Verbformen miteinbezieht.

Die Stammformen von Verben werden ‹übers Ohr› gelernt.

Während der Erwerb des Futurs I in der Regel keine grösseren Schwierigkeiten darstellt, sind die Präteritumsformen zum Teil auch für Mundartsprechende alles andere als einfach zu lernen. Die unregelmässigen Formen des Präteritums sind sehr vielfältig und müssen über das Memorieren der Stammformen (= Paradigmen der Verben) gelernt werden. Wie beim Erwerb des Englischen als Fremdsprache werden die unregelmässigen Stammformen auswendig gelernt:

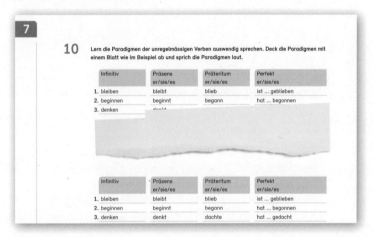

Die Lernenden lesen den Infinitiv laut, sprechen die Stammformen auswendig und kontrollieren danach, indem sie die Schablone nach unten verschieben. Die Übung kann auch zu zweit gemacht werden, wobei abwechslungsweise ein Infinitiv gesagt und mit den Stammformen geantwortet wird.

Im Arbeitsheft auf Seite 84 sind die zwanzig häufigsten Verben aufgelistet. In den Wortschatzlisten sind die Paradigmen der Verben einer Einheit in einer separaten Liste aufgeführt. Je nach Voraussetzungen der Lernenden kann die Liste gekürzt oder erweitert werden. Im Internet finden sich unzählige Listen mit den Paradigmen der unregelmässigen Verben. Für ein effizientes Lernen lohnt es sich, darauf zu achten, dass die Paradigmen vollständig sind und vor allem beim Perfekt immer auch das Hilfsverb steht.

sehen: er/sie sieht, sah, hat ... gesehen
fahren: er/sie fährt, fuhr, ist ... gefahren

Für das Üben der Personalformen im Präteritum kann das Übungsformat der Konjugationsgedichte genutzt werden.

Solche Konjugationsgedichte können frei variiert werden, zum Beispiel durch die Verwendung aller Personalformen, durch den Gebrauch unterschiedlicher Verben oder durch die Beschränkung auf den Singular.

Früher

Ich ass früher kein Gemüse.
Du trankst früher nur Wasser.
Er kaute immer Kaugummi.
Sie lutschte immer ein Bonbon.
Es gab aber für alle etwas Gesundes zu essen.

In zehn Jahren

werde ich nicht mehr hier sein,
wirst du auch woanders sein,
wird er vielleicht weit weg sein,
wird sie noch weiter weg sein,
werden wir aber alle in Kontakt bleiben.
Hoffentlich!

Es entstehen so zum Teil sehr lustige ‹Gedichte›, die in der Klasse vorgelesen werden und/oder in einem Büchlein gesammelt und verschenkt werden können.

8.3 Satzbau

In *startklar* A1 wurden der Hauptsatz und einige wenige Nebensatztypen thematisiert. In *startklar* A2 wird der Satzbau in den ersten beiden Einheiten repetiert. Anschliessend werden verschiedene Nebensatztypen eingeführt und die Satzanalyse trainiert. Es lohnt sich, für die Wahrnehmung der Satzglieder und der Nebensätze mit einer ‹Wäscheleine› zu arbeiten, die bereits im Handbuch von *startklar* A1 (S. 56) als didaktisches Instrument vorgestellt wurde.

Die verbalen Teile (= Prädikat) sind immer blau markiert und bilden gleichsam die Fixpunkte im Satz.

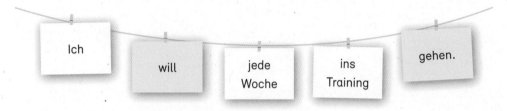

Auf der Rückseite der Blätter stehen die Fragewörter der Satzglieder.

Die Satzglieder können verschoben werden, wobei den Lernenden klar werden muss, dass auf der ersten Position meistens das Wichtigste steht bzw. jene Information, die man betonen will. Satzglieder können auch mit grammatikalischen Begriffen bezeichnet werden: Subjekt, Prädikat, Akkusativobjekt, Dativobjekt, Präpositionalobjekt. Diese Begrifflichkeit ist vor allem für Lernende wichtig, die sich auf eine Aufnahmeprüfung ins Gymnasium vorbereiten wollen. Die in *startklar* A2 gewählte Darstellungsform der Satzglieder bereitet die Lernenden auch auf die Arbeit mit dem im Lehrplan 21 erwähnten Verbenfächer vor.

Beispiel eines Verbenfächers:

Durch Hinzufügung von weiteren Fragewörtern (*wie? / warum? / wozu? / was?* usw.) können Nebensätze ergänzt werden, die ihrerseits auch an der ersten Stelle stehen können.

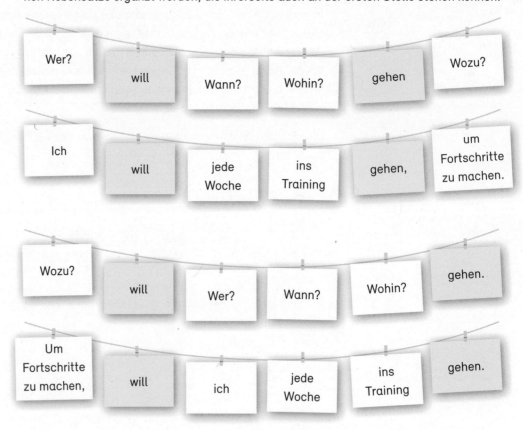

Wie bei allen Grammatikübungen ist das laute Sprechen von Sätzen die wichtigste Übungsform, um das Sprachgefühl im Deutschen aufzubauen.

8.4 Nominalbereich

Im Gegensatz zum Satzbau sind die Regeln der Nominalflexion im Deutschen anspruchsvoll. Wenn die deutsche Sprache im Volksmund als eine schwer zu lernende Sprache gilt, dann hat sie diesen Ruf vor allem der Nominalflexion sowie den drei Genera zu verdanken. Tatsächlich ist es auch für Menschen mit einer höheren Schulbildung schwierig, das System der Endungen in den vier Fällen Nominativ, Akkusativ, Dativ und Genitiv so zu lernen, dass es bei der Produktion im Mündlichen zum Einsatz korrekter Formen kommt. Das System der Endungen kann vor allem im schriftlichen Sprachgebrauch hilfreich sein, wenn man die folgende Regel kennt.

Das Signal für «Nominativ maskulin Singular» ist ein *r*. Im Satzglied darf dieses Signal nur ein Mal erscheinen. Das Gleiche gilt auch für «Nominativ Neutrum». In einem Präpositionalobjekt verhält es sich ähnlich. Das Signal für «Dativ maskulin» oder «Neutrum Singular» ist ein *m*. Es erscheint nur ein Mal.

Das Menü mit dem Salat kostet …
Das Menü mit einem frischen Salat …
Das Menü mit frischem Salat …

Solche Erklärungen können zwar Einblicke in die Logik geben, helfen aber bei der mündlichen Sprachproduktion wenig. Im Mündlichen braucht der Mensch Sprechroutinen, die es ihm erlauben, die verschiedenen Nominalformen praktisch automatisch aus dem Langzeitgedächtnis abzurufen. Mit diesem Ziel werden die Nominalformen in *startklar* A2 sprechend als Makrolexeme gelernt, die in entsprechenden Sätzen gleich abgerufen werden können. Die Lernenden memorieren Lautbilder und bauen so einen ‹Formulierungsschatz› auf, wie das folgende Beispiel zeigt:

mit einem grünen Salat
mit einer scharfen Sosse
mit grünen Bohnen

Diese Lautbilder schliessen falsche Kombinationen aus, wie zum Beispiel:

mit eine grüne* ...
mit eine scharfe* ...
mit grüne* ...

Mit «sprechenden Tabellen» werden die Grammatikformen sprechend trainiert.

Die Tabellen zu den Nominalformen veranschaulichen das System der Nominalflexion. Es sind aber die Sätze, die damit gesprochen werden sollen, die das Memorieren der Formen unterstützen. Die Sprechblasen in den Tabellen suggerieren, dass die Tabellen mit Sätzen gesprochen werden sollen. Aus diesem Grund heissen solche Tabellen auch «sprechende Tabellen».

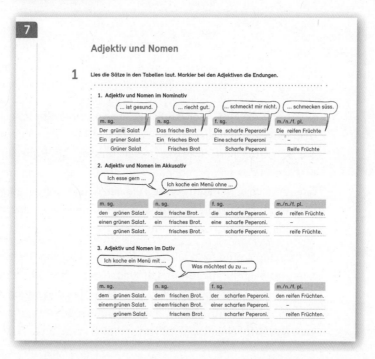

Auch alle anderen Übungstypen zu den Nominalformen erfüllen ihren Zweck erst, wenn sie gesprochen werden. Bei schriftlichen Übungen ist es unabdingbar, dass die Übungen vor dem Sprechen vollständig korrigiert werden, damit sich keine falschen Wortbilder einprägen.

8.5 Regeln reflektieren

Wie bereits in *startklar* A1 sind auch in *startklar* A2 am Ende von Grammatikerklärungen unvollständige Regeln zum Ausfüllen vorgegeben.

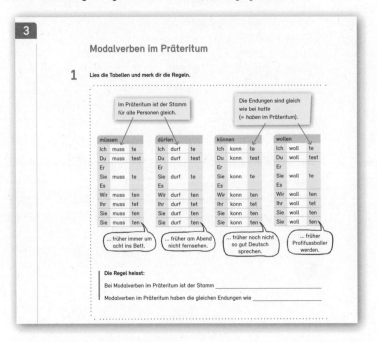

Durch Reflexionen über die Funktionsweise der Sprache nehmen die Lernenden die Regeln bewusst wahr und können diese auch für die Analyse von Sätzen, zum Beispiel bei der Korrektur eigener Texte, gezielt nutzen. Die Reflexionen erfüllen ihren Zweck aber erst, wenn das entsprechende implizite Grammatikwissen bzw. Sprachgefühl zumindest ansatzweise vorhanden ist. Aus diesem Grund werden zuerst Texte und Übungen im Rahmen eines Themas bearbeitet und erst danach wird über eine darin vorkommende grammatikalische Besonderheit reflektiert.

Nicht für alle grammatikalischen Formen kann eine Regel beigezogen werden. Dies kann zu Irritationen führen. Wenn Lernende beispielsweise fragen, warum das Präteritum von *fahren* nicht *fahrte* heisst, weil das Präteritum von *sagen* ja *sagte* sei, dann bleibt nichts Anderes übrig, als zu loben, dass sie gut beobachtet und logisch gefolgert haben. In diesem Fall hilft keine Regel, es handelt sich eben um ein unregelmässiges Verb.

8.6 Grammatik testen

In den Tests von *startklar* A2 sind meistens auch Grammatiküberprüfungen enthalten. Die Aufgabenstellungen prüfen lediglich die korrekte Verwendung von Formen und Strukturen, nicht das explizite Regelwissen. Weitere Grammatiküberprüfungen sind nicht notwendig, da sie keinen Beitrag zur Sprachentwicklung leisten.

Übersichten zu den 10 Einheiten

Auf den folgenden Seiten werden die 10 Einheiten zusammenfassend beschrieben. Die Übersichten bieten den Lehrpersonen einen schnellen Einstieg in die Einheiten. Für die Vorgehensweisen im Unterricht wird auf die didaktischen Grundlagen → Teil II, S. 23 – 62 verwiesen.

1 Selbstporträt

Themenbuch

Lernbereich	Titel	Inhalt
Hörverstehen	Das bin ich	– Sechs Selbstporträts von Jugendlichen verstehen und die dazugehörenden Formulare ausfüllen – Das eigene Formular ausfüllen
Leseverstehen	Meine Anfangszeit in der Schweiz	– Zwei Berichte von Jugendlichen verstehen und vergleichen – Zusammenfassungen der Berichte schreiben
Dialogisches Sprechen	Das wusste ich gar nicht	– Vier Dialoge aus dem Alltag verstehen – Einen Dialog auswendig lernen und vorspielen
Monologisches Sprechen	Eine wichtige Persönlichkeit vorstellen	– Einen Text über eine Schweizer Persönlichkeit (Henry Dunant) verstehen und flüssig und fehlerfrei vorlesen – Folien zum Vortrag über die Persönlichkeit gestalten und den Vortrag halten – Rückmeldungen zum Vortrag geben
Schreiben	Ein Tag in meinem Leben	– Einen Text zum Tagesablauf einer Schülerin verstehen – Textstruktur erkennen – Einen Text über den eigenen Schulalltag schreiben
Landeskunde	Die Schweiz – ein Auswanderungsland	– Einen historischen Text über Gründe der Auswanderung verstehen – Vier Porträts von Auslandschweizern mit Bildern zum Zuordnen

Arbeitsheft

Titel	Inhalt
So bin ich	Wortschatz / gelenktes Schreiben – Antonyme Adjektiven zuordnen – Einen Text über sich schreiben
Hören und mitlesen	Leseverstehen – Lerntechnik zur Lese- und Sprechflüssigkeit kennen lernen und einüben
Meine Anfangszeit in der Schweiz	Detailliertes Leseverstehen – Fragen zu den Texten im Themenbuch mit vorgegebenen Lückensätzen beantworten
Satzbau: Aussagesätze und Fragesätze	Grammatik / reproduktives Schreiben und Sprechen – Satzbau mit Satzklammer verstehen – Sätze im Präsens und Perfekt und mit Modalverben bilden – Satzglieder umstellen
Auswendig lernen	Leseverstehen / reproduktives Sprechen – Lerntechnik zum Auswendiglernen von Texten kennen lernen und einüben
Wer ist wer?	Reproduktives Sprechen – Informationen zu Steckbriefen austauschen
Satzbau: Nebensätze im Präsens und Perfekt	Grammatik / reproduktives Schreiben und Sprechen – Nebensätze mit *weil, wenn, damit* und *dass* verstehen und bilden

Zusatzmaterial

Titel	Inhalt
Eine wichtige Persönlichkeit vorstellen 1–3	Monologisches Sprechen – Analog zum Text im Themenbuch über Henry Dunant werden drei weitere Schweizer Persönlichkeiten präsentiert: Johanna Spyri, Elisabeth Kübler-Ross und Alberto Giacometti.
Rückmeldungs-karten	– Die Rückmeldungskarten für Vorträge werden von den Zuhörenden ausgefüllt und den Vortragenden nach dem Vortrag abgegeben.

Einleitung	Die Lernenden setzen sich mit Porträts von Jugendlichen und mit historischen Persönlichkeiten aus der Schweiz auseinander und erstellen ihr eigenes Selbstporträt. Die Einheit eignet sich somit für das gegenseitige Kennenlernen in einer Klasse oder Gruppe.

Im Arbeitsheft werden die Lerntechniken «Hören und mitlesen» und «Auswendig lernen» sowie der Satzbau aus *startklar* A1 repetiert. |
| **Hörverstehen** | Sechs Jugendliche stellen sich vor. Als Vorentlastung werden die Bilder und Stichwörter in den Formularen geklärt → Kap. 5.1.1 . Dabei sollen die Lernenden erkennen, dass die vorgegebenen Informationen über die Personen Beispiele sind und jeweils in Schülerschrift abgedruckt sind. Das erste Hören verlangt ein gezieltes Hörverstehen. Damit alle Lernenden die Formulare vollständig ausfüllen können, ist ein mehrmaliges Abspielen der Hörtexte notwendig. Am Schluss füllen die Lernenden ihr eigenes Formular aus.

Im Arbeitsheft werden Adjektive zur Beschreibung von Personen angeboten. Danach schreiben die Lernenden zu ihrem Formular aus dem Themenbuch einen eigenen Text. Falls notwendig können die Porträts der sechs Jugendlichen ausgedruckt und gelesen werden, damit die Lernenden ihren Text anhand eines Mustertexts schreiben können → Kap. 6.3.2 . |
| **Leseverstehen** | Zu Beginn wird die Lerntechnik «Hören und mitlesen» eingeführt. Danach werden die beiden Texte gemäss der Lerntechnik bearbeitet. Dabei geht es um ein globales Leseverstehen → Kap. 5.2 . Beim zweiten Lesedurchgang sollen die markierten Textteile der beiden Texte verglichen werden. Anhand der Textmarkierungen werden anschliessend Zusammenfassungen zu den Texten geschrieben → Kap. 5.2.3 . Dadurch erkennen die Lernenden, mit welchen Stichwörtern aus dem Text eine Zusammenfassung zustande kommen kann.

Im Arbeitsheft prüfen Fragen zum Text das Textverständnis. Zudem wird der Satzbau im Präsens und Perfekt mit einfachen Sätzen repetiert. |
| **Dialogisches Sprechen** | Dialoge sind Textsorten, mit denen alltägliche Formulierungen eingeübt werden können. Die Dialoge werden mehrmals gehört, mitgesprochen und mitgelesen. Im Arbeitsheft wird die Lerntechnik «Auswendig lernen» eingeführt. Die Lernenden sollen einen Dialog auswählen und mithilfe der Lerntechnik auswendig lernen → Kap. 6.1.1 . Zu beachten ist, dass die Lernenden keine falschen Formen sprechen (Gefahr der Fossilierung) → Kap. 4.2 .

Mit dem Wechselspiel im Arbeitsheft üben die Lernenden weitere Alltagsformulierungen. |
| **Monologisches Sprechen** | In *startklar* A2 wird das Vortragen anhand von vorgegebenen Texten eingeübt. Dazu gibt es jeweils einen Vortragstext im Themenbuch und drei weitere parallele Texte im Zusatzmaterial. Somit können in einer Lerngruppe unterschiedliche Texte bearbeitet werden → Kap. 6.1.1 .

Die Texte beschreiben das Leben von vier Schweizer Persönlichkeiten. Nach dem Hören und Lesen eines Textes werden Schlüsselwörter geklärt. Danach sind die einzelnen Abschnitte des Textes auf Folien mit Stichwörtern zusammengefasst. Die Lernenden gestalten eine Präsentation mit Folien (möglichst auf Computer), lernen den Vortragstext auswendig und tragen ihn anhand der Stichwörter der Klasse bzw. Gruppe vor. Die Zuhörenden geben ihre Rückmeldungen mündlich oder schriftlich anhand der Rückmeldungskarten und des Vortragstextes, den sie während des Vortrags mitlesen können.

Im Arbeitsheft wird der Satzbau mit Nebensätzen (*weil, wenn, damit, dass*) repetiert. |
| **Schreiben** | Die Lernenden hören und lesen zuerst einen Text über den Schultag von Sophia. Der Mustertext dient als Gerüst für die eigene Textproduktion (= Scaffolding). Mithilfe von zusätzlichen Textbausteinen schreiben die Lernenden einen Text zu ihrem Schultag → Kap. 6.3.2 . |
| **Landeskunde** | Die Lernenden erfahren, dass auch Schweizerinnen und Schweizer auswandern und dass früher viele Menschen aus Not ausgewandert sind. |

2 Meine Umgebung

Themenbuch

Lernbereich	Titel	Inhalt
Hörverstehen	Mein Wohnort	– Sechs Beschreibungen von Wohnumgebungen verstehen – Fotos den Texten zuordnen – Satzteile miteinander verbinden
Leseverstehen	Öffentlicher Verkehr	– Einen Text zum öffentlichen Verkehr verstehen – Einzelne Fakten aus dem Text im Detail verstehen – Eine Zusammenfassung mit vorgegebenen Satzanfängen schreiben
Dialogisches Sprechen	Unterwegs	– Vier Dialoge zum Thema «Öffentlicher Verkehr» verstehen – Einen Dialog auswendig lernen und vorspielen
Monologisches Sprechen	Eine Stadt vorstellen	– Einen Text über eine europäische Stadt (Hamburg) verstehen und flüssig und fehlerfrei vorlesen – Folien zum Vortrag über die Stadt gestalten und den Vortrag halten – Rückmeldungen zum Vortrag geben
Schreiben	Mein Lieblingsplatz	– Einen Text über einen Lieblingsplatz verstehen – Textstruktur analysieren – Den eigenen Lieblingsplatz beschreiben
Landeskunde	Schweizer Geografie	– Einfache Informationen zur Geografie der Schweiz verstehen

Arbeitsheft

Titel	Inhalt
Wo, wo, wo?	Grammatik / gelenktes Schreiben / reproduktives Sprechen – Satzglieder mit Ortsangaben (wo?) erkennen – Ortsangaben als ganze Formulierungen (= Makrolexeme) lernen – Das eigene Zimmer beschreiben – Wechselspiel zu W-Fragen (wo? / wann? / warum? / was?)
Satzbau: Satzglieder	Grammatik / reproduktives Schreiben – Sätze mit Objekt und Ort verstehen und bilden – Satzglieder (wer? / was? / wen? / wo?) erkennen und verschieben
Zahlenspiele	Wortschatz – Brüche und Prozentzahlen verstehen und umrechnen
Selbstständig Wörter lernen	Wortschatz – Lerntechnik für das selbstständige Wörterlernen kennen lernen und anwenden
Reiseinformationen	Gezieltes Leseverstehen / gelenktes Schreiben / gelenktes Sprechen – Informationen aus verschiedenen Fahrplänen verstehen – Wechselspiel zu Reiseinformationen
Einen Vortrag üben	Monologisches Sprechen – Lerntechnik zum Einüben eines Vortragstextes
Wo liegt das?	Landeskunde – Sätze mit geografischen Angaben bilden

Zusatzmaterial

Titel	Inhalt
Eine Stadt vorstellen 1–3	Gelenktes Sprechen – Analog zum Text im Themenbuch über Hamburg werden drei weitere Grossstädte präsentiert: Amsterdam, Wien und Barcelona.
Rückmeldungskarten	– Die Rückmeldungskarten für Vorträge werden von den Zuhörenden ausgefüllt und den Vortragenden nach dem Vortrag abgegeben.

Einleitung

Die Lernenden setzen sich mit der eigenen Wohnumgebung und mit dem Thema «Öffentlicher Verkehr» auseinander. Sie erkennen die Vor- und Nachteile des Wohnens in einer Stadt bzw. auf dem Land und können ihre Wohnumgebung bzw. den eigenen Lieblingsplatz beschreiben. Im Arbeitsheft werden präpositionale Ortsangaben als Satzglieder erkannt und als ganze Formulierungen (= Makrolexeme) gelernt → Kap. 7.3 .

Hörverstehen

Sechs Jugendliche stellen ihre Wohnumgebung vor. Als Vorentlastung werden Fotos von verschiedenen Wohngebäuden den entsprechenden Begriffen zugeordnet → Kap. 5.1.1 . Drei Hördurchgänge mit verschiedenen Aufträgen führen vom globalen Hören zum gezielten und schliesslich zum detaillierten Hörverstehen.

Im Arbeitsheft werden Ortsangaben als Makrolexeme gelernt und als Satzglieder wahrgenommen → Kap. 5 .

Leseverstehen

Zuerst wird der Text global verstanden, sodass vorgegebene Untertitel den Abschnitten zugeordnet werden können → Kap. 5.2.2 . Danach geht es um ein gezieltes Verstehen, indem einzelne Informationen im Text gesucht werden müssen. Mithilfe des Erarbeiteten soll dann eine Zusammenfassung geschrieben werden → Kap. 5.2.3 .

Im Arbeitsheft wird der mathematische Wortschatz zu Brüchen und Prozenten mit Umrechnungen und Textaufgaben erarbeitet. Zudem wird die Wörterbox zum selbstständigen Wörterlernen eingeführt.

Dialogisches Sprechen

Die Dialoge, mit denen das reproduktive Sprechen trainiert wird, spiegeln Alltagssituationen im öffentlichen Verkehr wider → Kap. 6.1.1 . Beim Vorspielen eines Dialogs muss auf die absolute Korrektheit der Formulierungen geachtet werden → Kap. 4.2 .

Im Arbeitsheft werden die Inhalte der Dialoge durch Aufgaben zu Fahrplänen und Reiseplanung vertieft.

Monologisches Sprechen

Die Texte im Themenbuch und im Zusatzmaterial beschreiben vier europäische Grossstädte. Nach der Arbeit an einem Text gestalten die Lernenden eine Präsentation mit Folien (möglichst auf Computer), lernen den Vortragstext anhand der Stichwörter auswendig und tragen ihn der Klasse bzw. Gruppe vor → Kap. 6.1.1 . Dabei geht es um die Schulung der Auftrittskompetenz und um das Einschleifen von bildungssprachlichen Formulierungen. Die Zuhörenden geben ihre Rückmeldungen mündlich oder schriftlich anhand der Rückmeldungskarten und des Vortragstextes, den sie während des Vortrags mitlesen können.

Im Arbeitsheft wird thematisiert, wie ein Vortrag eingeübt werden kann.

Schreiben

Die Lernenden hören und lesen zuerst einen Text über einen Lieblingsplatz. Der Beispieltext dient als Muster für die eigene Textproduktion. Mithilfe von Textbausteinen schreiben die Lernenden dann einen eigenen Text zu ihrem Lieblingsplatz → Kap. 6.3.2 .

Landeskunde

Die Texte liefern verschiedene geografische Fakten zur Schweiz. Dazu werden auch die Himmelsrichtungen und die Abkürzungen $m\ \ddot{u}\ M.$, km^2 und % eingeführt.

Das Arbeitsheft enthält eine reproduktive Sprechübung zu geografischen Informationen über die Schweiz.

3 Lernen

Themenbuch

Lernbereich	Titel	Inhalt
Hörverstehen	**Lernen – Arbeit oder Vergnügen?**	– Vier Berichte über Lernverhalten verstehen (Gitarrespielen, Französischwörter, Kochen, Judo) – Stichwörter zu den Hörtexten notieren – Informationen zu den Hörtexten ankreuzen
Leseverstehen	**Wie lernst du gut?**	– Einen Fachtext zu den vier Lerntypen verstehen – Informationen zu den Lerntypen suchen und notieren – Über den eigenen Lerntyp sprechen – Einen Text zum eigenen Lerntyp schreiben
Dialogisches Sprechen	**Mit Hilfe geht es leichter**	– Drei Dialoge zu Lernproblemen – Einen Dialog auswendig lernen und vorspielen
Monologisches Sprechen	**Effizientes Lernen vorstellen**	– Einen Text über effizientes Lernen (Rolle von Pausen) verstehen und flüssig und fehlerfrei vorlesen – Folien zum Vortrag über effizientes Lernen schreiben und den Vortrag halten – Rückmeldungen zum Vortrag geben
Schreiben	**Wochenrückblick**	– Einen Wochenrückblick zum Fach Englisch verstehen – Textstruktur erkennen – Einen Wochenrückblick zum Fach Deutsch schreiben
Landeskunde	**Die Bibliothek in der Nähe**	– Informationen zu einer Gemeindebibliothek verstehen – Informationen zu einer Bibliothek recherchieren

Arbeitsheft

Titel	Inhalt
Satzbau: Infinitivsätze	Grammatik / reproduktives Schreiben und Sprechen – Struktur des einfachen Infinitivsatzes erkennen – Sätze zum Thema *Lernen* vervollständigen
Test: Welcher Lerntyp bist du?	Leseverstehen / Wortschatz – Persönlichkeitstest zum eigenen Lerntyp verstehen – Test durchführen und den eigenen Lerntyp erkennen
Wie lernst du gut?	Wortschatz / reproduktives Schreiben – Fragebogen zu persönlichen Lernformen verstehen – Mündlicher Austausch zu den gewählten Lernformen – Sätze zu den eigenen Lernstärken vervollständigen und über Lernstärken sprechen
Modalverben im Präteritum	Grammatik / gelenktes Schreiben – Bildung von Modalverben im Präteritum verstehen – Konjugationsgedichte flüssig lesen, selbst eines schreiben und auswendig lernen – Sätze im Präteritum schreiben und sprechen – Modalverben im Präteritum in einem Wechselspiel einüben

Titel	Inhalt
Satzbau: Nebensätze mit um ... zu und damit	Grammatik / reproduktives Schreiben – Den Unterschied zwischen Finalsätzen mit *damit* und *um ... zu* verstehen – Finalsätze mit *um ... zu* in einem Wechselspiel einüben

Zusatzmaterial

Titel	Inhalt
Effizientes Lernen vorstellen 1–3	Monologisches Sprechen – Analog zum Text im Themenbuch über Pausen beim Lernen werden drei weitere Faktoren für effizientes Lernen behandelt: ein gut eingerichteter Arbeitsplatz, die richtige Tageszeit fürs Lernen, der Unterschied zwischen Kurzzeit- und Langzeitgedächtnis.
Rückmeldungskarten	– Die Rückmeldungskarten für Vorträge werden von den Zuhörenden ausgefüllt und den Vortragenden nach dem Vortrag abgegeben.

Einleitung

Mit der Einheit 3 werden lernpsychologische Erkenntnisse thematisiert und die Reflexion über das eigene Lernen angeregt. Des Weiteren gibt es Informationen zu Lerntypen und Lerntechniken mit verschiedenen Lerntipps. Das Ziel ist es, Einblicke in das eigene Lernverhalten zu ermöglichen und allfällige Optimierungen zu erkennen.

Im Arbeitsheft wird die Reflexion über das eigene Lernverhalten und die eigenen Stärken angeleitet. Grammatikalisch werden der Finalsatz mit *damit* und *um ... zu* sowie die Modalverben im Präteritum eingeführt.

Hörverstehen

Vier Jugendliche erzählen, was und wie sie lernen. Dabei geht es um Hobbys und um schulisches Lernen. Als Vorentlastung werden die Illustrationen betrachtet und Schlüsselwörter geklärt → **Kap. 5.1.1** . Im Sinne des gezielten Hörverstehens werden Informationen aus den Hörtexten notiert, wobei die Texte mehrmals gehört werden.

Im Arbeitsheft werden einfache Infinitivsätze verstanden und formuliert.

Leseverstehen

Als Einstieg wird im Arbeitsheft ein Persönlichkeitstest zum eigenen Lerntyp gemacht und dazu als Resultat eine Grafik erstellt. Danach soll der Lesetext vorerst global verstanden werden → **Kap. 5.2** . Nach einem zweiten Lesedurchgang sollen die wichtigsten Informationen zu den Lerntypen notiert werden → **Kap. 5.2.2** . Zum Schluss wird mithilfe der Grafik zu den Lerntypen aus dem Arbeitsheft und anhand des Lesetexts ein eigener Text geschrieben → **Kap. 6.3.2** .

Dialogisches Sprechen

Die Dialoge thematisieren verschiedene Lernprobleme und vermitteln sprachliche Mittel, um darüber zu sprechen. Nach der Bearbeitung der Dialoge wählen die Lernenden einen Dialog und lernen ihn auswendig → **Kap. 6.1.1** . Beim Vorspielen eines Dialogs muss auf die absolute Korrektheit der Formulierungen geachtet werden → **Kap. 4.2** .

Im Arbeitsheft werden die Modalverben im Präteritum eingeführt und geübt.

Monologisches Sprechen

Die Texte im Themenbuch und im Zusatzmaterial behandeln unterschiedliche Faktoren, die für ein effizientes Lernen eine wichtige Rolle spielen. Nach der Arbeit an einem Text gestalten die Lernenden eine Präsentation mit Folien (möglichst auf Computer), lernen den Vortragstext anhand der Stichwörter auswendig und tragen ihn der Klasse bzw. Gruppe vor → **Kap. 6.1.1** . Dabei geht es um die Schulung der Auftrittskompetenz und um das Einschleifen von bildungssprachlichen Formulierungen. Die Zuhörenden geben ihre Rückmeldungen mündlich oder schriftlich anhand der Rückmeldungskarten und des Vortragstextes, den sie während des Vortrags mitlesen können.

Im Arbeitsheft werden die zwei Formen von Finalsätzen mit *um ... zu* und *damit* thematisiert und eingeübt.

Schreiben

Die Lernenden hören und lesen zuerst einen Text: einen Wochenrückblick zum Fach Englisch. Der Text dient als Muster für die eigene Textproduktion. Mithilfe von Textbausteinen schreiben die Lernenden dann einen eigenen Wochenrückblick zum Fach Deutsch → **Kap. 6.3.2** .

Landeskunde

Die fiktiven Webseiten einer Bibliothek dienen dazu, die unterschiedlichen Angebote einer Gemeindebibliothek wahrzunehmen und die Bibliothek als Ort des Lernens zu erkennen. Mit dem Rechercheauftrag sollen die Lernenden die Bibliothek in ihrer Nähe erkunden.

4 Hobbys

Themenbuch

Lernbereich	Titel	Inhalt
Hörverstehen	Mein Hobby	– Vier Beschreibungen von Hobbys verstehen (Trickfilme produzieren, Skaten, Streetdance, Theaterspielen) – Stichwörter zu den Hörtexten notieren – Satzteile verbinden
Leseverstehen	Im Internet einfach Geld verdienen?	– Ein Interview mit einem Vlogger verstehen – Adverbien der Häufigkeit verstehen und anwenden
Dialogisches Sprechen	Kannst du mir sagen, ...	– Vier Dialoge über Hobbys verstehen und mitsprechen – Einen Dialog auswendig lernen und vorspielen
Monologisches Sprechen	Ein spezielles Hobby vorstellen	– Einen Text über eine Freizeitaktivität (BMX-Freestyle) verstehen und flüssig und fehlerfrei vorlesen – Folien zum Vortrag über die Freizeitaktivität schreiben und den Vortrag halten – Rückmeldungen zum Vortrag geben
Schreiben	Ein Rätsel in der Schülerzeitung	– Zwei Mannschaftssport-Rätsel verstehen – Textstruktur analysieren – Ein eigenes Rätsel schreiben
Landeskunde	Der Schweizer Alpen-Club	– Einen Text zum Schweizer Alpen-Club (SAC) verstehen – Informationen zum SAC-Jugendangebot recherchieren

Arbeitsheft

Titel	Inhalt
Vier Hobbys	Detailliertes Hörverstehen / reproduktives Schreiben – Wörter und Ausdrücke aus den Hörtexten erkennen und zuordnen – Mithilfe von Textbausteinen ein Hobby beschreiben
Im Internet einfach Geld verdienen?	Gezieltes Leseverstehen / gelenktes Schreiben – Informationen im Interview mit einem Vlogger suchen – Mit vorgegebenen Satzanfängen eine Zusammenfassung des Interviews schreiben
Satzbau: Indirekte Fragen	Grammatik / gelenktes Sprechen und Schreiben / reproduktives Sprechen – Den Unterschied zwischen direkter und indirekter Frage verstehen – Indirekte Fragen mit *ob* und Fragewörtern bilden – Wechselspiel zu berühmten Schweizer Sportlerinnen und Sportlern
Wortbildung 1	Wortschatz – Regeln der Wortzusammensetzung verstehen – Grundwort und Bestimmungswort unterscheiden – Wortzusammensetzungen bilden
Berghütten	Wortschatz / gezieltes Leseverstehen – Den Begriff «Hütte» erarbeiten – Informationen aus dem Text «Die SAC-Hütten» notieren – Im Internet Informationen über SAC-Hütten in der Nähe recherchieren

Zusatzmaterial

Titel	Inhalt
Ein spezielles Hobby vorstellen 1–3	Monologisches Sprechen – Analog zum Text im Themenbuch über BMX-Freestyle werden drei weitere Hobbys vorgestellt: Slacklining, Frisbee und Skateboarden.
Rückmeldungs-karten	– Die Rückmeldungskarten für Vorträge werden von den Zuhörenden ausgefüllt und den Vortragenden nach dem Vortrag abgegeben.

Einleitung	Das Thema Hobby wird unter verschiedenen Blickwinkeln behandelt. Das Ziel dabei ist zu erkennen, dass es viele verschiedene Freizeitaktivitäten gibt, die nicht unbedingt viel kosten, und dass man sich bei unterschiedlichen Personen darüber informieren kann. Im Arbeitsheft wird hauptsächlich die indirekte Frage thematisiert.
Hörverstehen	Als Vorentlastung werden die vier Sätze zu den Hobbys bearbeitet, sodass die Schlüsselwörter bekannt sind → Kap. 5.1.1 . Nach mehrmaligem Hören werden Stichwörter zu den Hobbys notiert, sodass die Hörtexte im Detail verstanden werden → Kap. 5.1 . Im Arbeitsheft folgen weitere Übungen, die ein detailliertes Hörverstehen der Hörtexte unterstützen, sowie eine Schreibaufgabe mit dem Wortschatz aus den Hörtexten.
Leseverstehen	Als Vorentlastung verschaffen sich die Lernenden einen Überblick über den Text und die Inhalte. Dabei müssen der Titel und der Lead genau verstanden werden → Kap. 5.2.1 . Anschliessend wird der Text gehört und mitgelesen. Nach einem erneuten Lesen sollen die Lernenden notieren, was für sie neu und was interessant war → Kap. 5.2.2 . Zum Schluss werden Wörter wie *viele, alle, manche* usw. semantisiert. Im Arbeitsheft werden die Inhalte des Textes weiter vertieft, indem gezielt Informationen im Text gesucht werden und anschliessend eine Zusammenfassung anhand von Satzanfängen geschrieben wird → Kap. 5.2.3 .
Dialogisches Sprechen	Mit den Dialogen, die von den Hobbys von Jugendlichen handeln, werden sprachliche Mittel eingeübt, um sich über Freizeitangebote zu informieren. Nach der Bearbeitung der Dialoge wählen die Lernenden einen Dialog und lernen ihn auswendig → Kap. 6.1.1 . Beim Vorspielen eines Dialogs muss auf die absolute Korrektheit der Formulierungen geachtet werden → Kap. 4.2 . Im Arbeitsheft wird der indirekte Fragesatz mit *ob* und Fragewörtern behandelt und angewendet. Im Wechselspiel zu Schweizer Profisportlerinnen und -sportlern wird die Formulierung *Weisst du, wann / was / von wann bis wann …?* eingeübt.
Monologisches Sprechen	Die Texte im Themenbuch und im Zusatzmaterial präsentieren Hobbys, die unter Jugendlichen im Trend sind. Nach der Arbeit an einem Text gestalten die Lernenden eine Präsentation mit Folien (möglichst auf Computer), lernen den Vortragstext anhand der Stichwörter auswendig und tragen ihn der Klasse bzw. Gruppe vor → Kap. 6.1.1 . Dabei geht es um die Schulung der Auftrittskompetenz und um das Einschleifen von bildungssprachlichen Formulierungen. Die Zuhörenden geben ihre Rückmeldungen mündlich oder schriftlich anhand der Rückmeldungskarten und des Vortragstextes, den sie während des Vortrags mitlesen können.
Schreiben	Die Lernenden hören und lesen zwei Mannschaftssport-Rätsel aus einer fiktiven Schülerzeitung und suchen anhand der Bilder die Lösung. Die Texte dienen als Muster für ein eigenes Mannschaftssport-Rätsel, das mithilfe von zusätzlichen Textbausteinen geschrieben wird → Kap. 6.3.2 .
Landeskunde	Die Texte und Bilder enthalten Informationen zum Schweizer Alpen-Club und seiner Geschichte. Die Lernenden erfahren, wie sich der Tourismus in den Alpen entwickelt hat. Mit einem Rechercheauftrag erkunden sie SAC-Angebote für Jugendliche.

5 Lebensformen und Familien

Themenbuch

Lernbereich	Titel	Inhalt
Hörverstehen	Verschiedene Familien	– Sechs Beschreibungen von unterschiedlichen Familienformen verstehen – Stichwörter zu den Hörtexten notieren – Den Hörtexten gezielt Informationen zuordnen
Leseverstehen	Familienleben früher und heute	– Zwei Texte zum Familienleben einer Jugendlichen bzw. einer 65-jährigen Frau verstehen und vergleichen – Parallele Informationen in den Texten finden – Zu beiden Texten eine Zusammenfassung schreiben
Dialogisches Sprechen	Mit wem und wie möchtest du leben?	– Vier Dialoge hören und einen auswendig spielen – Variationen zum Dialog 1 erarbeiten und vorspielen – Sechs Dialoge zum Familienleben und Zusammenwohnen verstehen – Einen Dialog auswendig lernen und vorspielen
Monologisches Sprechen	Eine Familienform vorstellen	– Einen Text über eine Familienform (Konkubinat) verstehen und flüssig und fehlerfrei vorlesen – Folien zum Vortrag über die Familienform schreiben und den Vortrag halten – Rückmeldungen zum Vortrag geben
Schreiben	So möchte ich in 20 Jahren leben	– Einen Text zum Thema «So möchte ich in 20 Jahren leben» verstehen – Textstruktur analysieren – Einen eigenen Text zum Thema schreiben
Landeskunde	Eine Liebesgeschichte	– Eine Liebesgeschichte eines binationalen Paares verstehen – Informationen zu Aufenthaltsbewilligungen recherchieren

Arbeitsheft

Titel	Inhalt
Die Patchwork-familie	Wortschatz / gezieltes Hörverstehen – Wortschatz zu Beziehungen und zum Zivilstand verstehen – Namen aus einem Hörtext verstehen und zuordnen
Personalprono-men im Akkusativ und Dativ	Grammatik / gelenktes Schreiben – Personalpronomen im Akkusativ und Dativ verstehen – Sätze mit den Personalpronomen sprechen – Stellung der Personalpronomen im Satz erkennen – Personalpronomen mit den Verben *lieben (sie/ihn)* und *helfen/ zuschauen (ihr/ihm)* in zwei Wechselspielen einüben
Wortbildung 2	Wortschatz / reproduktives Schreiben – Wortzusammensetzungen mit *Familie* als Grund- und Bestimmungswort bilden
Futur I	Grammatik / gelenktes Schreiben – Bildung des Futur I verstehen – Zwei Konjugationsgedichte verstehen und eines selber schreiben – Sätze mit Futur I schreiben

Schmetterlinge im Bauch	Detailliertes Leseverstehen / Wortschatz – Einen Text anhand von Lese-aufträgen verstehen – Reflektieren, wie der Text verstanden wurde
Test: Welcher Beziehungstyp bist du?	Wortschatz / detailliertes Leseverstehen – Persönlichkeitstest zum eigenen Beziehungstyp verstehen und ausfüllen

Zusatzmaterial

Titel	Inhalt
Eine Familienform vorstellen 1–3	Monologisches Sprechen – Analog zum Text im Themenbuch über das Konkubinat werden drei Familienformen vorgestellt: die Patchworkfamilie, die Regenbogen-familie und die Pflegefamilie.
Rückmeldungs-karten	– Die Rückmeldungskarten für Vorträge werden von den Zuhören-den ausgefüllt und den Vortragen-den nach dem Vortrag abgegeben.

Einleitung	Die Einheit thematisiert unterschiedliche Formen des Zusammenlebens. Die Lernenden sollen erkennen, wie vielfältig die Möglichkeiten von Familienkonstellationen sind, und sich mit ihren Vorstellungen des Zusammenlebens auseinandersetzen. Im Arbeitsheft werden die Personalpronomen im Akkusativ und Dativ, die Wortbildung und das Futur I thematisiert.
Hörverstehen	In den Hörtexten werden sechs Familienkonstellationen vorgestellt, von der kinderreichen Familie mit Grossmutter bis zum homosexuellen Paar. Als Vorentlastung können der Titel und die Bilder besprochen werden. Dabei können Schlüsselbegriffe wie *verheiratet*, *getrennt*, *Halbschwester* usw. gesammelt werden → **Kap. 5.1.1** . Die Wortschatzarbeit im Arbeitsheft kann vor oder nach der Bearbeitung der Hörtexte angesetzt werden.
Leseverstehen	Die beiden Texte zum Familienleben einer Jugendlichen bzw. einer 65-jährigen Frau werden zuerst global verstanden → **Kap. 5.2** . Nach einem zweiten Lesedurchgang sollen die beiden Texte verglichen und ähnliche Informationen in den Texten markiert werden. Danach werden mithilfe der Markierungen zwei Zusammenfassungen geschrieben → **Kap. 5.2.3** . Im Arbeitsheft wird das Personalpronomen im Akkusativ und Dativ besprochen. Dazu gehören zwei Wechselspiele zu den Pronomen *sie/ihn* und *ihr/ihm*.
Dialogisches Sprechen	In den Dialogen wird die Frage diskutiert, mit wem und wie man leben möchte. Dadurch erwerben die Jugendlichen sprachliche Mittel, um über Familienverhältnisse zu sprechen. Dabei geht es um unterschiedliche Vorstellungen, was eigentlich eine Familie ist und wie die Beziehungen zwischen den Familienmitgliedern sein können. Nach der Bearbeitung der Dialoge wählen die Lernenden einen Dialog und lernen ihn auswendig. → **Kap. 6.1.1** . Beim Vorspielen eines Dialogs muss auf die absolute Korrektheit der Formulierungen geachtet werden → **Kap. 4.2** . Im Arbeitsheft werden Wortbildungen mit *Familie* als Grund- und Bestimmungswort geübt.
Monologisches Sprechen	Die Texte im Themenbuch und im Zusatzmaterial präsentieren vier unterschiedliche Familienformen. Nachdem die Lernenden einen Text bearbeitet und verstanden haben, gestalten sie eine Präsentation mit Folien (möglichst auf Computer), lernen den Vortragstext anhand der Stichwörter auswendig und tragen ihn der Klasse bzw. Gruppe vor → **Kap. 6.1** . Dabei geht es um die Schulung der Auftrittskompetenz und das Einschleifen von bildungssprachlichen Formulierungen. Die Zuhörenden geben ihre Rückmeldungen mündlich oder schriftlich anhand der Rückmeldungskarten und des Vortragstextes, den sie während des Vortrags mitlesen können.
Schreiben	Als Vorbereitung zum Schreibauftrag wird im Arbeitsheft die Zeitform Futur I bearbeitet. Anschliessend lesen die Lernenden, wie sich eine Schülerin ihr Leben in 20 Jahren vorstellt. Im Zusatzmaterial findet sich ein analoger Text über einen Schüler. Die Texte dienen als Muster für einen eigenen Text über das Leben in 20 Jahren, der mithilfe von zusätzlichen Textbausteinen geschrieben wird → **Kap. 6.3.2** .
Landeskunde	Die Liebesgeschichte eines binationalen Paares basiert auf einer realen Geschichte und zeigt, welche Hürden überwunden werden müssen, wenn der Partner (oder die Partnerin) keine Aufenthaltsbewilligung hat. Es wird angeregt, Informationen zu den vier häufigsten Aufenthaltsbewilligungen zu recherchieren. Im Arbeitsheft folgen eine Geschichte mit dem Titel «Schmetterlinge im Bauch» und ein Persönlichkeitstest zum eigenen Beziehungstyp.

6 Alles okay?

Themenbuch

Lernbereich	Titel	Inhalt
Hörverstehen	Der menschliche Körper	– Begriffe und Formulierungen zu den Körperteilen lernen – Einen Lehrervortrag zu den Körperteilen verstehen
Leseverstehen	Was tun gegen Stress?	– Ein Interview zum Thema «Stress bei Jugendlichen» verstehen – Eine Zusammenfassung als Lückentext vervollständigen
Dialogisches Sprechen	Wer kann mir helfen?	– Drei Dialoge zu Problemsituationen von Jugendlichen verstehen – Einen Dialog auswendig lernen und vorspielen
Monologisches Sprechen	Ein Sinnesorgan vorstellen	– Einen Text über eines der fünf Sinnesorgane (Haut) verstehen und flüssig und fehlerfrei vorlesen – Folien zum Vortrag über das Sinnesorgan schreiben und den Vortrag halten – Rückmeldungen zum Vortrag geben
Schreiben	Unfallgeschichten	– Eine Unfallgeschichte mit Bildern verstehen – Den Textabschnitten Zwischentitel zuordnen – Anhand von Bildern und Textbausteinen eine Unfallgeschichte schreiben
Landeskunde	Der Schweizerische Samariterbund	– Kurze Texte über den Schweizerischen Samariterbund verstehen – Den Ablauf eines Nothilfekurses nachvollziehen

Arbeitsheft

Titel	Inhalt
Der menschliche Körper	Wortschatz / detailliertes Hören / Grammatik – Wortschatz zu Körperteilen repetieren – Ausschnitte aus dem Lehrervortrag genauer verstehen – Aus Verben Nomen bilden
Wortbildung 3	Wortschatz / reproduktives Schreiben – Zusammensetzungen mit Verben und Adjektiven als Bestimmungswörter verstehen und bilden
Chill's mal!	Wortschatz / reproduktives Sprechen – Zwei Dialoge über Stresssituationen verstehen und einen vorspielen – Ausdrücke zur Beruhigung verstehen
Satzbau: Nebensätze auf der 1. Position	Grammatik / reproduktives Schreiben – Die möglichen Positionen eines Nebensatzes erkennen – Zwei Konjugationsgedichte verstehen und eines auswendig lernen – In einem Text Haupt- und Nebensätze unterscheiden – Sätze mit dem Nebensatz beginnen
Verben mit Dativ und Akkusativ	Grammatik / reproduktives Sprechen – Verben mit Dativ und Akkusativ kennen lernen – In einem Konjugationsgedicht Dativ- und Akkusativobjekte erkennen – Zwei Dialoge verstehen und einen auswendig lernen
Possessivpronomen im Akkusativ und Dativ	Grammatik / reproduktives Sprechen – Possessivpronomen im Akkusativ und Dativ verstehen – Sätze mit Possessivpronomen im Dativ sprechen – Possessivpronomen in einem Wechselspiel zum Thema «Wer schenkt wem was?» einüben

Zusatzmaterial

Titel	Inhalt
Ein Sinnesorgan vorstellen 1–4	Monologisches Sprechen – Analog zum Text im Themenbuch über die Haut werden die vier weiteren Sinnesorgane vorgestellt: das Auge, das Ohr, die Zunge, die Nase.
Rückmeldungskarten	– Die Rückmeldungskarten für Vorträge werden von den Zuhörenden ausgefüllt und den Vortragenden nach dem Vortrag abgegeben.
Erste Hilfe	Leseverstehen / gelenktes Schreiben – Leseverstehen zu den Texten über den Schweizerischen Samariterbund überprüfen – Einen Text über das Verhalten bei Verkehrsunfällen verstehen – Die wichtigsten Fragen zu einem Unfall beantworten können – Notfallnummern lernen

Einleitung	Die Behandlung des menschlichen Körpers ermöglicht den Aufbau des anatomischen Grundwortschatzes und den Erwerb eines Grundwissens, das für den Unterricht im Fachbereich Natur, Mensch, Gesellschaft (NMG) unabdingbar ist. Anhand von konkreten Situationen werden auch alltägliche Gesundheitsprobleme thematisiert. Im Arbeitsheft wird der Satzbau in Bezug auf die Position von Nebensätzen repetiert. Zudem werden Verben, die ein Akkusativ- und ein Dativobjekt verlangen, sowie Possessivpronomen im Akkusativ und im Dativ behandelt.
Hörverstehen	Der Hörtext enthält einen Vortrag einer Lehrperson zum menschlichen Körper. Der entsprechende Wortschatz wird anhand von Bildern visualisiert, und mit einer Zuordnungsübung wird das Hörverstehen vorentlastet → Kap. 5.1.1 . Im Arbeitsheft folgt eine Vertiefung zum Anatomiewortschatz wie auch zur Wortbildung.
Leseverstehen	In einem Interview gibt eine Ärztin Auskunft über Stress bei Jugendlichen. Dabei werden die verschiedenen Arten von Stress und der Umgang mit ihnen thematisiert. Eine Zusammenfassung in Form eines Lückentextes vertieft das Verständnis der Textinhalte → Kap. 5.2.3 . Im Arbeitsheft finden sich zwei Dialoge, in denen sich Jugendlichen gegenseitig beruhigen. Zudem wird die Erstellung von Nebensätzen bewusst gemacht und mit einem Wechselspiel eingeübt.
Dialogisches Sprechen	Es finden sich drei Dialoge zum Thema «Wer kann mir helfen?». Im Arbeitsheft werden Verben mit Akkusativ und Dativ behandelt. Dazu gehören auch zwei Dialoge.
Monologisches Sprechen	Die Texte im Themenbuch und im Zusatzmaterial behandeln die fünf Sinnesorgane. Nachdem die Lernenden einen Text bearbeitet und verstanden haben, gestalten sie eine Präsentation mit Folien (möglichst auf Computer), lernen den Vortragstext anhand der Stichwörter auswendig und tragen ihn der Klasse bzw. Gruppe vor → Kap. 6.1.1 . Dabei geht es um die Schulung der Auftrittskompetenz und um das Einschleifen von bildungssprachlichen Formulierungen. Die Zuhörenden geben ihre Rückmeldungen mündlich oder schriftlich anhand der Rückmeldungskarten und des Vortragstextes, den sie während des Vortrags mitlesen können.
Schreiben	Zuerst sollen im Arbeitsheft die Tabellen und die Übung zum Possessivpronomen im Akkusativ und Dativ wie auch das Wechselspiel bearbeitet werden. Danach hören und lesen die Lernenden zuerst einen Text zur Unfallgeschichte von Mario. Dieser dient als Mustertext für die eigene Textproduktion. Mithilfe von Bildern und Textbausteinen schreiben die Lernenden dann einen Text zur Unfallgeschichte von Eva.
Landeskunde	Der Schweizerische Samariterbund und seine Tätigkeitsfelder werden vorgestellt. Danach wird der Nothilfekurs behandelt. Im Zusatzmaterial finden sich weitere Aufgaben zum Nothilfekurs und zum Ablauf eines Unfalls. Ebenfalls wird anhand einer Übung aufgezeigt, wie alarmiert werden muss. Zuletzt werden die vier wichtigsten Notrufnummern (117, 118, 144 und 1414) thematisiert.

Themenbuch

Lernbereich	Titel	Inhalt
Hörverstehen	So war es früher in unserem Garten	– Gängige Namen von Gemüsen und Früchten lernen – Eine Erzählung einer älteren Person über ihren Garten verstehen – Zwischentitel den Hörtextteilen zuordnen
Leseverstehen	Landwirtschaft in der Schweiz	– Die Entwicklung der Schweizer Landwirtschaft als Zusammenfassung mit Fotos und Zeitstrahl verstehen – Einen Text über die Entwicklung der Schweizer Landwirtschaft verstehen – Textstruktur analysieren
Dialogisches Sprechen	Was möchtest du kochen?	– Drei Dialoge von Jugendlichen, die in der Hauswirtschaft etwas aus ihrem Herkunftsland kochen wollen – Einen Dialog auswendig lernen und vorspielen
Monologisches Sprechen	Ein Schweizer Produkt vorstellen	– Einen Text über ein Schweizer Produkt (Birchermüesli) verstehen und flüssig und fehlerfrei vorlesen – Folien zum Vortrag über das Schweizer Produkt schreiben und den Vortrag halten – Rückmeldungen zum Vortrag geben
Schreiben	Mein Lieblingsessen	– Einen Text über Risotto als Lieblingsessen verstehen – Textstruktur analysieren – Anhand von Textbausteinen einen Text zum eigenen Lieblingsessen schreiben
Landeskunde	Was wächst wo in der Schweiz?	– Vier Texte zu Produkten, die in der Schweiz wachsen, verstehen – Zu einem Produkt weitere Informationen recherchieren

Arbeitsheft

Titel	Inhalt
Im Garten von Frau Winiger	Wortschatz – Wortschatz zu Gemüse und Früchten erweitern – Begriffe aus dem Hörtext im Themenbuch zeitlich einordnen – Rätsel zu Früchten und Gemüsen verstehen und selbst formulieren
Verben im Präteritum	Grammatik / reproduktives Sprechen – Präteritumsformen erkennen, lernen und anwenden – Regelmässige und unregelmässige Präteritumsformen unterscheiden – Stammformen (= Paradigmen) von unregelmässigen Verben lernen
Die Landwirtschaft früher	Grammatik – Präteritumsformen in einem Geschichtstext erkennen und in einem analogen Text einsetzen – Haupt- und Nebensätze erkennen und umstellen
Wortbildung 4	Wortschatz – Zusammensetzungen mit Verben als Bestimmungswörter verstehen und bilden

Titel	Inhalt
Adjektiv und Nomen	Grammatik / reproduktives Sprechen – Adjektivendungen im Nominativ, Akkusativ und Dativ erkennen – Informationen zu Essgewohnheiten in einem Wechselspiel austauschen

Zusatzmaterial

Titel	Inhalt
Ein Schweizer Produkt vorstellen 1–3	Monologisches Sprechen – Analog zum Text im Themenbuch über das Birchermüesli werden drei weitere Schweizer Produkte vorgestellt: Käse, Ovomaltine, Walliser Roggenbrot.
Rückmeldungskarten	– Die Rückmeldungskarten für Vorträge werden von den Zuhörenden ausgefüllt und den Vortragenden nach dem Vortrag abgegeben.

Einleitung	Es werden verschiedene Lebensmittel und Menüs thematisiert, zudem wird die Geschichte der Schweizer Landwirtschaft aufgezeigt. Dadurch erwerben die Lernenden den Grundwortschatz und die Grundkenntnisse, um dem Unterricht im Fachbereich Wirtschaft, Arbeit, Haushalt (WAH) folgen zu können. Im Arbeitsheft werden der Wortschatz zu Früchten und Gemüsen vertieft und das Präteritum eingeführt. Ferner werden die Wortbildung von zusammengesetzten Nomen sowie die Angleichung der Adjektive an die Nomen behandelt.
Hörverstehen	Im Hörtext erzählt eine ältere Frau, wie ihr Garten früher ausgesehen hat und wie er jetzt aussieht. Der Wortschatz dazu wird anhand des Bildes visualisiert und das Hörverstehen somit vorentlastet → Kap. 5.1.1 . Die weiteren Aufträge unterstützen die Inhaltserfassung → Kap. 5.1.2 . Im Arbeitsheft werden der Wortschatz erweitert und Verben im Präteritum eingeführt.
Leseverstehen	Die Texte und Bilder geben einen Einblick in die Geschichte der Landwirtschaft. Der eigentliche Lesetext wird durch eine Zusammenfassung, einen Zeitstrahl und die vier Bilder vorentlastet → Kap. 5.2.1 . Im Arbeitsheft werden die Verben im Präteritum anhand eines Textes zur Landwirtschaft im Ersten Weltkrieg vertieft und die Unterscheidung von Haupt- und Nebensätzen repetiert.
Dialogisches Sprechen	Zur Vorentlastung der Dialoge werden im Arbeitsheft Wortzusammensetzungen mit Begriffen für Küchengeräte bewusst gemacht und geübt. Die drei Dialoge im Themenbuch finden im Rahmen des WAH-Unterrichts statt und vermitteln den Lernenden die sprachlichen Mittel, um über Rezepte zu sprechen. Nach der Bearbeitung der Dialoge wählen die Lernenden einen Dialog und lernen ihn auswendig → Kap. 6.1.1 . Beim Vorspielen eines Dialogs muss auf die absolute Korrektheit der Formulierungen geachtet werden → Kap. 4.2 .
Monologisches Sprechen	Die Texte im Themenbuch und im Zusatzmaterial präsentieren vier typische Lebensmittel aus der Schweiz. Nachdem die Lernenden einen Text bearbeitet und verstanden haben, gestalten sie eine Präsentation mit Folien (möglichst auf Computer), lernen den Vortragstext anhand der Stichwörter auswendig und tragen ihn der Klasse bzw. Gruppe vor → Kap. 6.1.1 . Dabei geht es um die Schulung der Auftrittskompetenz und um das Einschleifen von bildungssprachlichen Formulierungen. Die Zuhörenden geben ihre Rückmeldungen mündlich oder schriftlich anhand der Rückmeldungskarten und des Vortragstextes, den sie während des Vortrags mitlesen können.
Schreiben	Als Vorbereitung zum Schreibauftrag werden im Arbeitsheft die Adjektive in attributiver Stellung eingeführt. Die unterschiedlichen Nominalformen werden dabei als Makrolexeme gelernt → Kap. 7.3 . Vor dem Lesen des Mustertextes über ein Lieblingsessen notieren die Lernenden ihr eigenes Lieblingsessen. Dadurch und durch die Besprechung des Bildes und der Zutaten für Risotto wird der Mustertext vorentlastet → Kap. 5.2.1 . Anschliessend hören und lesen die Lernenden den Mustertext. Mithilfe von Textbausteinen schreiben die Lernenden dann einen Text zum eigenen Lieblingsessen → Kap. 6.3.2 .
Landeskunde	Es werden fünf Produkte thematisiert, die in der Schweiz wachsen. Im Anschluss sollen die Lernenden Informationen zu einem selbst gewählten Produkten recherchieren.

8 Berufsbildung und Studium

Themenbuch

Lernbereich	Titel	Inhalt
Hörverstehen	So habe ich meinen Beruf gewählt	– Zwei Berichte von Jugendlichen über ihre Berufswahl verstehen – Schritte bei der Berufswahl erkennen und den Hörtexten zuordnen
Leseverstehen	Berufsbeschreibungen	– Die Berufsbeschreibung für Restaurationsfachmann/-frau EFZ verstehen
Dialogisches Sprechen	Telefongespräche für eine Schnupperlehre	– Drei Dialoge, in denen Jugendliche für eine Schnupperlehre in einem Betrieb anrufen, verstehen – Mit Lückendialog einen eigenen Dialog schreiben und vorspielen
Monologisches Sprechen	Einen Beruf vorstellen	– Einen Text über einen Beruf (Polymechaniker/-in) verstehen und flüssig und fehlerfrei vorlesen – Folien zum Vortrag über den Beruf schreiben und den Vortrag halten – Rückmeldungen zum Vortrag geben
Schreiben	Bewerbungsbriefe	– Zwei Bewerbungsbriefe für Schnupperlehren verstehen – Textstruktur analysieren
Landeskunde	Keine Lehrstelle – was nun?	– Kurzbeschreibungen von Brückenangeboten im Kanton Zürich verstehen

Arbeitsheft

Titel	Inhalt
Anforderungen	Wortschatz – Begriffe und Formulierungen zu Anforderungen für Berufe verstehen – Über Stärken und Schwächen sprechen
Berufsbe-schreibung	Detailliertes Leseverstehen – Informationen aus der Berufsbeschreibung im Themenbuch notieren
Wortbildung 5	Wortschatz – Zusammensetzung mit *Stelle* als Grundwort und mit *Arbeit(s)* als Bestimmungswort verstehen und bilden
Sätze umstellen	Grammatik – Haupt- und Nebensätze erkennen und umstellen
Mein Lebenslauf	Detailliertes Leseverstehen / gelenktes Schreiben – Einen Lebenslauf verstehen – Den eigenen Lebenslauf mit einem vorgegebenen Raster schreiben
Meine Stärken	Wortschatz – Einen Text über Stärken und Schwächen im Berufsleben verstehen – Vier Formulare zu Anforderungen im Berufsleben ausfüllen und die eigenen Stärken und Schwächen erkennen – Einen Text zu den eigenen Stärken und Schwächen schreiben

Titel	Inhalt
Meine Bewerbung für eine Schnupperlehre	Gelenktes Schreiben – Eine Bewerbung für eine Schnupperlehre mit Textbausteinen schreiben
Welches Brückenangebot passt?	Detailliertes Leseverstehen – Der schulischen Situation von Jugendlichen mögliche Brückenangebote zuordnen

Zusatzmaterial

Titel	Inhalt
Können Sie mir bitte helfen?	Reproduktives Sprechen – Zwei Dialoge zur Berufswahl verstehen – Einen Dialog auswendig lernen und vorspielen
Einen Beruf vorstellen 1–3	Monologisches Sprechen – Analog zum Text im Themenbuch über den Beruf Polymechaniker/-in werden drei weitere Berufe vorgestellt: Baupraktiker/-in EBA; Drogist/-in EFZ; Betriebs-ökonom/-in.
Folien zum Vortrag	– Auf die Folien zum Vortrag werden Informationen aus dem Vortragstext übertragen.
Rückmeldungs-karten	– Die Rückmeldungskarten für Vorträge werden von den Zuhörenden ausgefüllt und den Vortragenden nach dem Vortrag abgegeben.

Einleitung	Die Inhalte dieser Einheit vermitteln den Jugendlichen die sprachlichen Mittel und die Sachkenntnisse für ein Berufswahlverfahren. Sie lernen Berufsbilder verstehen und sich telefonisch und schriftlich für eine Schnupperlehre zu bewerben. Im Arbeitsheft wird einerseits der spezifische Wortschatz erweitert. Andererseits werden ein Lebenslauf und ein Bewerbungsbrief für eine Schnupperlehre geschrieben. (Für weitere Informationen über Berufe siehe z.B.: *lena.ch, berufsbilder.ch, berufsberatung.ch*.)
Hörverstehen	In den Hörtexten berichten zwei Jugendliche, wie sie ihren Beruf gewählt haben. Mithilfe der Aufgabenstellungen sollen die Lernenden die möglichen Schritte in der Berufswahl bewusst wahrnehmen und die Schritte für die eigene Berufswahl festlegen → Kap. 5.1.3 .
Leseverstehen	Im Arbeitsheft werden Begriffe zu Berufsanforderungen erarbeitet, womit das Verstehen der Berufsbeschreibung im Themenbuch begrifflich vorentlastet wird → Kap. 5.2.1 . Im Themenbuch wird das Verstehen der Berufsbeschreibung Restaurationsfachmann EFZ / Restaurationsfachfrau EFZ mit Leseaufträgen unterstützt → Kap. 5.2.2 . Im Arbeitsheft wird die Struktur der Berufsbeschreibung bewusst gemacht, indem die Lernenden zu den einzelnen Abschnitten Stichwörter aus dem Text im Themenbuch notieren müssen → Kap. 5.2.3 .
Dialogisches Sprechen	In den drei Dialogen bewerben sich Jugendliche telefonisch für eine Schnupperlehre in einem Betrieb. Dadurch erwerben die Lernenden die sprachlichen Mittel für eine eigene Bewerbung. Im Zusatzmaterial finden sich zwei weitere Dialoge, die als Mustertexte dienen können. Anhand eines Lückendialogs schreiben die Lernenden einen eigenen Dialog und spielen diesen nach der Korrektur der Klasse vor. Beim Vorspielen des korrigierten Dialogs muss auf die absolute Korrektheit der Formulierungen geachtet werden → Kap. 4.2 .
Monologisches Sprechen	Die Texte im Themenbuch und im Zusatzmaterial beschreiben vier Berufe. Nachdem die Lernenden einen Text bearbeitet und verstanden haben, gestalten sie eine Präsentation mit Folien (möglichst auf Computer), lernen den Vortragstext anhand der Stichwörter auswendig und tragen ihn der Klasse bzw. Gruppe vor → Kap. 6.1.1 . Dabei geht es um die Schulung der Auftrittskompetenz und um das Einschleifen von bildungssprachlichen Formulierungen. Die Zuhörenden geben ihre Rückmeldungen mündlich oder schriftlich anhand der Rückmeldungskarten und des Vortragstextes, den sie während des Vortrags mitlesen können.
Schreiben	Die Lernenden lesen zwei Bewerbungen für Schnupperlehren und analysieren den Aufbau eines Briefs und die Textstruktur. Im Arbeitsheft wird der eigene Lebenslauf aufgrund eines Musterlebenslaufs geschrieben und der Wortschatz für Stärken, die für verschiedene Berufe wichtig sind, erarbeitet. Zum Schluss wird eine eigene Bewerbung für eine Schnupperlehre verfasst. Die beiden Texte aus dem Themenbuch dienen als Mustertexte für die eigene Textproduktion. Zudem werden zur Unterstützung weitere passende Textbausteine angeboten.
Landeskunde	Es werden verschiedene Brückenangebote nach der obligatorischen Schulzeit vorgestellt. Die Brückenangebote beziehen sich auf den Kanton Zürich und müssen gegebenenfalls angepasst werden. Im Arbeitsheft finden sich dazu Texte über Jugendliche, die solche Brückenangebote besuchen könnten. Die Texte müssen den entsprechenden Brückenangeboten zugeordnet werden.

Themenbuch

Lernbereich	Titel	Inhalt
Hörverstehen	Informationsquellen	– Einen Zeitungsausschnitt zum Umgang mit Informationsquellen von Jugendlichen verstehen – Ein Radiointerview mit einer Fachperson über den Umgang mit Informationsmedien verstehen
Leseverstehen	Wer, wann, wo?	– Einen Zeitungsartikel zur Berufsweltmeisterschaft verstehen – Textstruktur analysieren – Synonyme Formulierungen erkennen – Fragen zum Zeitungsartikel beantworten
Dialogisches Sprechen	Hast du schon gehört?	– Vier Dialoge von Jugendlichen verstehen, die sich über News aus verschiedenen Medien unterhalten – Einen Dialog auswendig lernen und vorspielen
Monologisches Sprechen	Ein Informationsmedium vorstellen	– Einen Text über ein Informationsmedium (Gratiszeitung *20 Minuten*) verstehen und flüssig und fehlerfrei vorlesen – Folien zum Vortrag über das Informationsmedium schreiben und den Vortrag halten – Rückmeldungen zum Vortrag geben
Schreiben	Dumm gelaufen!	– Einen Text zu einem peinlichen Erlebnis verstehen – Einen Paralleltext zu einem peinlichen Erlebnis anhand von Textbausteinen schreiben
Landeskunde	Ein Tag im Leben eines Radiojournalisten	– Den Tagesablauf eines Radiojournalisten verstehen – Erkennen, wie eine Radionachricht zustande kommt

Arbeitsheft

Titel	Inhalt
Wortbildung 6	Wortschatz – Wortzusammensetzungen mit unterschiedlichen Grund- und Bestimmungswörtern verstehen und bilden – Hinweis zum Fugen-s verstehen – Wörter mit Fugen-s sammeln
Wer informiert sich wie?	Gezieltes Leseverstehen / Wortschatz – Zwei Jugendliche erzählen, welche Medien sie nutzen und welche nicht – Informationen mit zwei Farben markieren – Informationen über die Nutzung verschiedener Medien in einem Wechselspiel austauschen
Was ist passiert?	Detailliertes Leseverstehen / gelenktes Schreiben – Zwei kurze Zeitungsartikel verstehen – Zu einem der Zeitungsartikel eine Zusammenfassung schreiben – Zu zweit die Zusammenfassungen austauschen und besprechen
Fake oder nicht?	Detailliertes Leseverstehen / gelenktes Sprechen – News aus dem Internet verstehen und beurteilen, ob sie wahr sind oder nicht – Meinungen zu den News äussern

Titel	Inhalt
Aufbau einer Zeitung	Globales Leseverstehen / Wortschatz – Die Teile und Rubriken einer Zeitung kennen lernen
Zeitungsanalyse	Detailliertes Leseverstehen / Wortschatz – Eine Zeitung analysieren
Sätze umstellen	Grammatik – Haupt- und Nebensätze erkennen – Komma setzen

Zusatzmaterial

Titel	Inhalt
Ein Informationsmedium vorstellen 1–3	Monologisches Sprechen – Analog zum Text im Themenbuch über *20 Minuten* werden drei weitere Informationsquellen vorgestellt: das Onlineportal *nachrichtenleicht*, das Radioprogramm *SRF Virus*, die App *SRF News*.
Folien zum Vortrag	– Auf die Folien zum Vortrag werden Informationen aus dem Vortragstext übertragen.
Rückmeldungskarten	– Die Rückmeldungskarten für Vorträge werden von den Zuhörenden ausgefüllt und den Vortragenden nach dem Vortrag abgegeben.

Einleitung	Die Lernenden setzen sich mit unterschiedlichen Informationsmedien und deren Nutzung auseinander. Das Ziel ist es aufzuzeigen, über welche Medien man sich informieren kann und welche Vor- und Nachteile vor allem soziale Netzwerke als Informationsquellen haben. Für die Nutzung von Informationsmedien ist die Orientierung innerhalb der verschiedenen Ressorts grundlegend. Aus diesem Grund werden im Arbeitsheft der Aufbau von Zeitungen und Zeitungsartikel bewusst gemacht und der entsprechende Wortschatz eingeführt.
Hörverstehen	Der Hörtext enthält ein Radiointerview mit einer Fachperson, die über den Umgang mit Nachrichten bei Jugendlichen spricht. Die Inhalte des Radiointerviews werden vor dem Hören durch einen Zeitungsausschnitt und vier Fragen und Antworten aus dem Radiointerview vorentlastet → Kap. 5.1.1. Im Arbeitsheft folgen eine Vertiefung zu Wortzusammensetzungen mit Fugen-s sowie zwei Texte und ein Wechselspiel zum Umgang von Jugendlichen mit Informationsmedien.
Leseverstehen	Mit den Leseaufträgen zum Zeitungsartikel über die Berufsweltmeisterschaft sollen die Lernenden effiziente Lesehandlungen ausführen, die ihnen das Verstehen des Textes ermöglichen → Kap. 5.2.2. Dabei erfassen sie unter anderem die Struktur des Textes und werden auf synonyme Formulierungen aufmerksam gemacht. Die W-Fragen überprüfen am Schluss das Leseverstehen → Kap. 5.2.5. Im Arbeitsheft finden sich zwei weitere Zeitungsartikel mit den gleichen W-Fragen. Anhand dieser Artikel wird mithilfe von Textbausteinen das Zusammenfassen geübt.
Dialogisches Sprechen	In den vier Dialogen unterhalten sich Jugendliche über Inhalte aus verschiedenen Medien. Sie vermitteln den Lernenden die sprachlichen Mittel, um über Medien und News zu sprechen. Nach der Bearbeitung der Dialoge wählen die Lernenden einen Dialog und lernen ihn auswendig → Kap. 6.1.1. Beim Vorspielen eines Dialogs muss auf die absolute Korrektheit der Formulierungen geachtet werden → Kap. 4.2. Im Arbeitsheft lesen die Lernenden vier Nachrichten und diskutieren darüber, ob sie wahr sind oder nicht.
Monologisches Sprechen	Bevor sich die Lernenden mit den Vortragstexten befassen, analysieren sie den Aufbau der Pendlerzeitung *20 Minuten* sowie eine selbst gewählte Zeitung. Die Vortragstexte im Themenbuch und im Zusatzmaterial präsentieren vier Informationsmedien. Nachdem die Lernenden einen Text bearbeitet und verstanden haben, gestalten sie eine Präsentation mit Folien (möglichst auf Computer), lernen den Vortragstext anhand der Stichwörter auswendig und tragen ihn der Klasse bzw. Gruppe vor → Kap. 6.1.1. Dabei geht es um die Schulung der Auftrittskompetenz und um das Einschleifen von bildungssprachlichen Formulierungen. Die Zuhörenden geben ihre Rückmeldungen mündlich oder schriftlich anhand der Rückmeldungskarten und des Vortragstextes, den sie während des Vortrags mitlesen können. Im Arbeitsheft wird das Umstellen von Satzgliedern repetiert.
Schreiben	Die Lernenden lesen einen Text zu einem peinlichen Erlebnis. Der Text dient als Mustertext für die eigene Textproduktion. Mithilfe von zusätzlichen Textbausteinen schreiben die Lernenden einen Text über ein eigenes peinliches Erlebnis → Kap. 6.3.2.
Landeskunde	Die Lernenden erfahren anhand des Tagesablaufs eines Reporters, wie die Nachrichten am Radio entstehen. Das Ziel ist es, den Lernenden bewusst zu machen, wie viel Arbeit sich hinter einem Radiobeitrag von wenigen Minuten verbirgt.

10 Kultur und Unterhaltung

Themenbuch

Lernbereich	Titel	Inhalt
Hörverstehen	Wie war's?	– Sechs Berichte von Jugendlichen zu Veranstaltungen verstehen – Positive und negative Aussagen unterscheiden und in den Hörtexten erkennen
Leseverstehen	Improvisieren statt auswendig lernen	– Ein Zeitungsinterview mit zwei Mitgliedern einer Improvisationstheatergruppe verstehen
Dialogisches Sprechen	Was hast du vor?	– Vier Dialoge von Jugendlichen über verschiedene kulturelle Veranstaltungen verstehen – Einen Dialog auswendig lernen und vorspielen
Monologisches Sprechen	Einen Film vorstellen	– Einen Text über einen Film (*Jenseits der Stille*) verstehen und flüssig und fehlerfrei vorlesen – Folien zum Vortrag über den Film schreiben und den Vortrag halten – Rückmeldungen zum Vortrag geben
Schreiben	Musikstars	– Einen Text über den Musiker Bligg verstehen – Textstruktur analysieren – Einen Paralleltext zum eigenen Lieblingssänger / zur eigenen Lieblingssängerin anhand von Textbausteinen schreiben
Landeskunde	Veranstaltungen	– Einen der vier Texte zu kulturellen Veranstaltungen in der Schweiz auswählen und verstehen – Zusätzliche Informationen recherchieren

Arbeitsheft

Titel	Inhalt
Wie war's?	Wortschatz / detailliertes Leseverstehen / gelenktes Schreiben – Ähnliche Aussagen einander zuordnen – Berichte zu einer Veranstaltung verstehen und die Struktur anhand von Leitfragen erfassen – Mit Leitfragen einen Paralleltext schreiben – Personalpronomen im Dativ anwenden
Wortbildung 7	Wortschatz – Zusammensetzungen mit dem Wort *Theater* als Grund- und Bestimmungswort verstehen und bilden
Possessivpronomen im Dativ	Grammatik – Possessivpronomen im Dativ verstehen und anwenden – Wechselspiel zu Veranstaltungen und mit wem diese besucht werden spielen
Sätze umstellen	Grammatik – Haupt- und Nebensätze erkennen und umstellen
Präteritum	Grammatik – In einen Lückentext die Verben im Präteritum einfügen

Titel	Inhalt
Adjektive und Nomen im Akkusativ	Grammatik – Adjektive in attributiver Stellung angleichen – Wechselspiel mit Adjektiven zu verschiedenen Sendungen spielen
Quiz zur Landeskunde	Detailliertes Leseverstehen / Wortschatz – Quiz zu verschiedenen Landeskundeseiten aus den Einheiten 1 bis 9 ausfüllen

Zusatzmaterial

Titel	Inhalt
Einen Film vorstellen 1–3	Monologisches Sprechen – Analog zum Text im Themenbuch über den Film *Jenseits der Stille* werden drei weitere Filme vorgestellt: *Im Juli*, *Banklady* und *More than Honey*.
Folien zum Vortrag	– Auf die Folien zum Vortrag werden Informationen aus dem Vortragstext übertragen.
Rückmeldungskarten	– Die Rückmeldungskarten für Vorträge werden von den Zuhörenden ausgefüllt und den Vortragenden nach dem Vortrag abgegeben.

Einleitung	Die Lernenden setzen sich mit verschiedenen kulturellen Veranstaltungen auseinander und lernen, einen Film vorzustellen. Im Arbeitsheft werden der Wortschatz in Zusammenhang mit kulturellen Veranstaltungen erweitert und einige Grammatikthemen aus dem *startklar* A2 wiederholt.
Hörverstehen	Die Hörtexte enthalten Berichte von Jugendlichen über verschiedene Veranstaltungen, die entsprechenden Fotos zugeordnet werden müssen. Zudem werden positive und negative Ausdrücke unterschieden und den Hörtexten zugeordnet → Kap. 5.1.1 . Im Arbeitsheft folgen eine Vertiefung zu den Ausdrücken und zwei Berichte über Veranstaltungen, die als Mustertext für einen eigenen Bericht dienen → Kap. 6.3.2 .
Leseverstehen	Die Lernenden klären vor dem Lesen das Schlüsselwort *improvisieren* und setzen sich mit dem Titel und dem Lead eines Interviews auseinander. Dadurch wird der Kontext geklärt und die Lernenden sind bereit, das Interview mit der Schauspielerin und dem Schauspieler zu verstehen → Kap. 5.2.1 . Durch das genaue Lesen der Fragen und das Suchen der Textstellen, in denen die Fragen direkt beantwortet werden, wird das detaillierte Leseverstehen gefördert → Kap. 5.2 . Im Arbeitsheft werden Wortzusammensetzungen aus dem Kulturbereich thematisiert und geübt.
Dialogisches Sprechen	Im Themenbuch finden sich vier Dialoge, in denen sich Jugendliche über verschiedene Veranstaltungen austauschen. Dadurch werden die sprachlichen Mittel vermittelt, um über Veranstaltungen zu sprechen. Nach der Bearbeitung der Dialoge wählen die Lernenden einen Dialog und lernen ihn auswendig → Kap. 6.1.1 . Beim Vorspielen eines Dialogs muss auf die absolute Korrektheit der Formulierungen geachtet werden → Kap. 4.2 . Im Arbeitsheft werden die Possessivpronomen im Dativ eingeführt und geübt.
Monologisches Sprechen	Die Vortragstexte im Themenbuch und im Zusatzmaterial beschreiben vier verschiedene Filme. Nachdem die Lernenden einen Text bearbeitet und verstanden haben, gestalten sie eine Präsentation mit Folien (möglichst auf Computer), lernen den Vortragstext anhand der Stichwörter auswendig und tragen ihn der Klasse bzw. Gruppe vor → Kap. 6.1.1 . Dabei geht es um die Schulung der Auftrittskompetenz und um das Einschleifen von bildungssprachlichen Formulierungen. Die Zuhörenden geben ihre Rückmeldungen mündlich oder schriftlich anhand der Rückmeldungskarten und des Vortragstextes, den sie während des Vortrags mitlesen können. Im Arbeitsheft werden das Umstellen von Satzgliedern und die Präteritumsformen repetiert.
Schreiben	Eine Schülerin stellt ihren Lieblingssänger Bligg vor. Der Text dient als Mustertext für die eigene Textproduktion. Mithilfe von Textbausteinen schreiben die Lernenden dann einen Text über ihren Lieblingssänger bzw. ihre Lieblingssängerin → Kap. 6.3.2 .
Landeskunde	Im Themenbuch werden die vier kulturellen Veranstaltungen Winterthurer Musikfestwochen, Circus Nock, Helvetas Cinema Sud und Tschäggättä vorgestellt. Dazu gibt es jeweils einen Rechercheauftrag. Im Arbeitsheft findet sich ein abschliessendes Quiz zu ausgewählten Aspekten der Landeskundeseiten der Einheiten 2, 4, 5, 6, 7 und 8 von *startklar* A2.

Notizen